Köstliches aus der Kartoffelküche

Marlisa Szwillus

Aus Kartoffeln lassen sich cremige Suppen, deftige Eintöpfe, würzige Aufläufe und herzhafte Salate schnell und preiswert zubereiten. So vielseitig einsetzbar die Kartoffel ist, so vielfältig sind auch die Rezepte in diesem Buch: Mal bodenständig, mal edel und mal exotisch – lassen auch Sie sich von der nur scheinbar unscheinbaren braunen Knolle kulinarisch verführen.

Inhalt

Alle Rezepte auf einen Blick

	Seite	kcal je Portion	raffiniert	vegetarisch	für Kids	low fat	Vitamin C	schnell	preiswert	für Gäste
Italienischer Kartoffelsalat	10	420	+	+						
Provenzalischer Kartoffelsalat	12	460	+						+	+
Kartoffelsalat mit Thunfischcreme	13	810	+				+	+	+	
Grüner Kartoffelsalat mit Räucherlachs	14	270	+			+		+		+
Kartoffelsalat mit Schillerlocken	16	400						+	+	
Kartoffelsalat mit Fenchel und Krabben	17	420	+				+	+		+
Exotischer Kartoffelsalat	18	470	+							+
Schwäbischer Kartoffelsalat	20	550	+						+	
Kartoffelsalat mit Roquefortdressing	21	500	+							+
Fisch-Kartoffel-Eintopf	22	430	+			+				+
Spanische Kartoffelsuppe	24	620							+	
Kartoffel-Avocado-Suppe	25	510	+				+	+	+	+
Bouillonkartoffeln mit Ratatouille	26	270		+	+	+			+	
Kartoffelcremesuppe mit Lachs	28	580			+			+		
Kartoffelsuppe mit Salbeiklößchen	29	350	+			+			+	+
Feiner Kartoffel-Linsen-Eintopf	30	590	+							
Kartoffel-Gorgonzola-Ragout	32	460	+	+						+
Asiatisches Kartoffelcurry	33	350	+			+				+
Kartoffel-Möhren-Rösti	34	680		+	+			+	+	

	Seite	kcal je Portion	raffiniert	vegetarisch	für Kids	low fat	Vitamin C	schnell	preiswert	für Gäste
Kartoffelplätzchen mit Hackfleischfüllung	36	770	+		+				+	
Gefüllte Kartoffelpfannkuchen	37	630			+				+	
Tortilla	38	480						+	+	+
Steinpilzkartoffeln	40	370				+	+	+		+
Röstkartoffeln mit Garnelen	41	430	+					+		
Kartoffel-Leber-Spießchen	42	380	+		+	+	+		+	
Asiatische Kartoffelpfanne	44	320	+			+		+		+
Kartoffel-Schmand-Pfanne	45	470		+	+			+	+	
Türkische Kartoffel-Hackfleisch-Pfanne	46	680			+		+		+	
Kartoffelviertel mit Paprikasalsa	48	300		+		+	+		+	
Kräuter-Speck-Kartoffeln mit Radieschenquark	50	420	+						+	
Ofenkartoffeln mit Krabbendip	51	540	+							+
Gratinierte Spinatgnocchi	52	580	+	+	+		+			
Kartoffel-Schinken-Auflauf	54	570			+				+	
Kartoffelgratin mit Ziegenkäse	55	670	+				+			+
Kartoffeltarte mit Shrimps	56	290	+							+
Kartoffelwähe mit Chilihack	58	390					+		+	+
Kartoffel-Thunfisch-Pizza	59	260			+				+	
Kartoffel-Kraut-Strudel	60	240	+						+	+

Die tolle Knolle - vielseitig, preiswert und gesund

Das Aschenputtel unter den Gemüsen hat sich endgültig zur Prinzessin gewandelt. Vorbei die Zeiten, als sie fast nur als Salzkartoffel, Püree und Pommes frites auf den Teller kam. Die Kartoffel ist mit ihrer Vielfalt längst über ihr langweiliges Beilagendasein hinausgewachsen und spielt nun in vielen raffinierten Gerichten die Hauptrolle.

Die Rezepte in diesem Buch zeigen, wie kreativ man mit Kartoffeln kochen kann: Mal kommen sie würzig aus der Pfanne, mal knusprig aus dem Ofen, mal überraschen sie als duftende Suppe oder als feiner Salat zum Sattessen. Immer aber sind die Gerichte ein kulinarischer Hochgenuss. Dabei sind sie äußerst preiswert. Kartoffelgerichte sind deshalb ideal für die ganze Familie und schmecken jeden Tag.

Die seltsame Trüffel

Die Kartoffel wurde von spanischen Seefahrern in den Hochtälern der peruanischen Anden entdeckt. Die Spanier waren beeindruckt von der Knollenfrucht, die sie „seltsame Trüffel“ nannten und um 1550 als Geschenk nach Hause brachten.

Obwohl die Kartoffel von ihnen als äußerst wohlschmeckend beschrieben wurde, fand sie in Europa nicht sofort den Weg in die Küche. Zunächst verbrachte sie noch einige Zeit als Heilpflanze in medizinischen Gärten und war bei den Adligen wegen ihrer schönen Blüten als exotische Zierpflanze beliebt. In Frankreich wurde sogar Geschirr mit Kartoffelblütendekor bemalt.

In Deutschland war es ein Botaniker, der 1589 die ersten Kartoffeln pflanzte. Von der Bevölkerung wurden die nahrhaften Erdknollen nach wie vor misstrauisch beäugt. Ihr wahrer Wert zeigte sich erst in späteren Kriegs- und Hungerszeiten. Im 18. Jahrhundert griff Preußenkönig Friedrich der Große in seine Trickkiste: Um das Image der unscheinbaren Knollen aufzuwerten, ließ er seine Kartoffelfelder extra von Soldaten bewachen. Die neugierigen Bauern fielen auf seinen Trick herein, stahlen unbehelligt die Pflanzen und bauten sie selbst an. Damit begann der Siegeszug der Kartoffel. Man erkannte endlich, daß sie gut schmeckte, satt machte und leicht angebaut werden konnte. Zur Delikatesse wurde die Kartoffel aber erst, seit sich auch Spitzenköche ihrer annahmen.

Die Vielfalt der Kartoffeln

Bei uns in Deutschland gibt es ungefähr 130 zugelassene Kartoffelsorten. Allerdings werden nur die wenigsten von ihnen in ganz Deutschland angebaut, denn jede einzelne reagiert auf Klima und Boden unterschiedlich. Größere Kartoffelanbaugebiete liegen in der Pfalz, am Kaiserstuhl, in Niedersachsen, am Niederrhein, in Mecklenburg und in Bayern. Vergleichen Sie doch einmal die auf Ihrem Markt angebotenen Kartoffeln und entdecken Sie Ihre Lieblingssorte. Kartoffeln unterscheiden sich aber nicht nur im Aroma, sondern auch in ihrer Erntezeit, Form, Schale, Farbe und insbesondere in ihren Kocheigenschaften.

Für jedes Rezept die richtige Sorte

Das Gelingen eines Kartoffelrezepts hängt oft entscheidend von der Wahl der richtigen Sorte ab. Es ist also ratsam, sich für jede Zubereitungsart die passende Sorte herauszusuchen. Verantwortlich für die Kocheigenschaften sind Feuchtigkeit und Stärke. Mit zunehmendem Stärkegehalt nimmt die Feuchtigkeit ab. Eine optische Hilfe: Längliche Knollen zählen überwiegend zu den fest kochenden Sorten, mit zunehmend runder Form sind die Sorten vorwiegend fest kochend oder mehlig kochend.

Fest kochende Kartoffeln bleiben beim Kochen, Braten oder Backen gut in Form. Sie eignen sich für Salate, Bratkartoffeln, Puffer, Rösti, Schmor- und Salzkartoffeln und alle Gerichte, bei denen ein Auseinanderfallen der Kartoffeln unerwünscht ist. Zu den bekanntesten Sorten gehören Anneli, Bamberger Hörnchen, Cilena, Ditta, Exquisa, Filea, Forelle, Hansa, Linda, Nicola, Punika, Regina, Selma, Sieglinde.

Mehlig kochende Kartoffeln haben einen höheren Stärkegehalt, sie werden beim Kochen weich, brechen auf und sind eher trocken. Sie sind weicher in der Konsistenz als die festen. Für locker-flockige Pürees, Knödel, Klöße, aber auch für Suppen und Eintöpfe eignen sie sich besonders gut. Adretta, Aula, Irmgard und Likaria sind bei uns die bekanntesten.

Vorwiegend fest kochende Kartoffeln nehmen eine Mittelstellung ein und sind richtige Allrounder. Sie bleiben trotz ihres höheren Stärkegehalts beim Kochen recht fest und sind für die Zubereitung von Rösti und Pommes frites ebenso geeignet wie für Salz-, Pell oder Grillkartoffeln und Gerichte mit Saucen oder Dips. Vorwiegend fest kochende Kartoffeln werden in der größten Vielfalt angeboten, sie heißen z. B. Agria, Arena, Arkula, Berber, Christa, Désirée, Gloria, Granola, Grata, Karat, Liu, Quarta, Roxy, Secura, Solina oder Ukama.

Frühe Kartoffeln – späte Kartoffeln

Speisekartoffeln unterscheidet man auch nach ihrer Reifezeit, was sich auf ihre Kocheigenschaften und vor allem die Lagerfähigkeit auswirkt. Generell gilt, je länger die Knollen reifen, desto fester ist ihre Schale und desto länger können sie gelagert werden.

Frühkartoffeln heißen Sorten (beispielsweise Arkula, Berber, Christa, Gloria, Rosara, Sieglinde), die besonders früh in die Erde kommen und meist kürzer reifen. Sie entwickeln weniger Stärke als die späten Sorten. Beim Kochen bleiben sie fest. Frühkartoffeln werden wegen ihres ausgeprägten

Geschmacks und ihrer schönen gelben Farbe geschätzt, selbst ihre zarte Schale gilt als Delikatesse. Heimische Sorten sind ab etwa Ende Mai auf dem Markt. Weil Frühkartoffeln wenig Stärke enthalten, eignen sie sich nicht für Klöße, Puffer oder für Püree. Wie jedes frische Gemüse sollten Frühkartoffeln nicht lange aufbewahrt, sondern innerhalb weniger Tage gegessen werden. Darum am besten immer nur kleine Mengen kaufen und in der kurzen Lagerzeit luftig, kühl und dunkel aufbewahren.

Mittelfrühe Sorten wie Hela, Lyra oder Nicola werden in den Sommermonaten August und September geerntet. Ihre Schale ist schon kräftiger als bei Frühkartoffeln und man kann sie etwa 2–3 Monate lagern.

Späte Sorten werden im September und Oktober geerntet. Sie lassen sich gut länger lagern und brauchen einige Zeit, um ihren vollen Geschmack und die beste Konsistenz zu entwickeln. Späte Sorten gibt es in allen drei Kochtypen. Ihre Namen sind u. a. Arnika, Cilena, Linda, Selma, Granola, Quarta, Aula und Likaria.

Tipps für Einkauf und Lagerung

Kaufen Sie grundsätzlich nur Lebensmittel von guter Qualität. Das gilt natürlich auch für Kartoffeln. Achten Sie stets darauf, dass die Knollen keine Faulstellen haben, glatt und fest sind und noch nicht ausgetrieben haben. Damit Sie beim Einkaufen sofort die gewünschten Kartoffeltypen finden, müssen alle Sorten gekennzeichnet sein. Das gilt sowohl für lose als auch für abgepackte Ware. Verpackte Kartoffeln werden in Folienbeuteln, im Netz oder in Papiertüten angeboten. Wenn Sie Kartoffeln in der Folie kaufen, sollten Sie diese zu Hause sofort aus dem Beutel nehmen und in eine Papiertüte oder einen Stoffsack umfüllen. Auf diese Weise können die Knollen besser atmen und sie schimmeln nicht.

Kartoffeln werden am besten luftig, kühl und lichtgeschützt in Holzkisten oder Körben gelagert. Wer keinen geeigneten Platz in der Speisekammer oder im Keller hat, sollte also

besser keine größeren Mengen Kartoffeln einlagern. Besonders wichtig ist es, die Kartoffeln vor Licht zu schützen, sonst bilden sich Keime und auch grüne Stellen. Diese enthalten das gesundheitsschädliche Solanin. Kleine grüne Stellen
bei der Zubereitung großzügig herausschneiden, Kartoffeln mit vielen grünen Stellen wegwerfen.

So rücken Sie der Kartoffel auf die Pelle

Nützliches Küchenwerkzeug macht die Zubereitung von Kartoffelgerichten leichter und den Spaß am Kochen größer. Zum Schälen gibt's **Sparschäler** mit doppelter, starrer Schneide (auch für Linkshänder geeignet) oder mit beweglicher Klinge. Damit lässt sich die Schale roher Kartoffeln hauchdünn abschneiden. Das Pellen geht besonders gut mit einer **Pellkartoffelgabel** und einem kleinen Küchenmesser.

Der **Gemüsehobel** mit geradem Messer teilt rohe Kartoffeln in gleichmäßig dünne Scheiben. Mit einem Julienne-Einsatz kann man Streifchen schneiden. **Reiben** gibt es in verschiedenen Ausführungen: die Röstireibe für rohe Kartoffeln, die Kartoffelreibe für gekochte Kartoffeln oder die Rohkostreibe mit verschiedenen Einsätzen. **Eierschneider** mit Drähten teilen gekochte, mittelgroße Kartoffeln im Handumdrehen in gleichmäßige Scheiben. Zum Stampfen und Durchdrehen von gekochten Kartoffeln eignen sich **Kartoffelpresse, -stampfer** oder ein **Passiersieb**. Für Suppen und Saucen ist der **Pürierstab** eine sehr praktische und schnelle Hilfe.

Gesund und fit mit Kartoffeln

Die Ernährungswissenschaftler loben die Kartoffel in den höchsten Tönen. Tatsächlich ist die Knolle prall gefüllt mit Nährstoffen. Dabei ist ihr Energiegehalt vergleichsweise niedrig: Eine Portion Kartoffeln (200 g) liefert etwa 140 kcal, vergleichbare Mengen an Brot, Reis oder Nudeln haben mehr. Schaut man sich die Nährstoffe im Einzelnen an, dann enthält die Kartoffel nur wenig Fett und kein Cholesterin. Ihr Gehalt an verdaulichen Kohlenhydraten, vor allem Stärke sowie Ballaststoffen ist hoch. Auch das Kartoffeleiweiß ist von guter Qualität. Kombiniert mit Milch oder Ei in einem Gericht wird es noch aufgewertet und sogar wertvoller als ein Stück Fleisch. Zusätzlich ist die Kartoffel eine hochwertige Mineralstoffquelle, wobei vor allem Kalium reichlich vorhanden ist. Bei den Vitaminen ist in erster Linie der hohe Vitamin-C-Gehalt hervorzuheben.

Um die wertvollen Nährstoffe so gut wie möglich zu erhalten, kochen Sie die Kartoffeln am besten in der Schale, über Dampf oder geschält in sehr wenig Wasser. Geschälte Kartoffeln sollten nie längere Zeit im Wasser liegen bleiben, da sonst wasserlösliche Nährstoffe ausgeschwemmt werden.

Die Rezepte

Italienischer Kartoffelsalat

- raffiniert
- vegetarisch
- für Kids
- low fat
- Vitamin C
- schnell
- preiswert
- für Gäste

Zutaten

750 g fest kochende Kartoffeln · etwas Salz · 1/2 TL Kümmel

4 EL Weißweinessig · etwas schwarzer Pfeffer aus der Mühle · 3 EL Olivenöl · 3 EL Walnussöl · 1–2 Knoblauchzehen

200 g Zucchini · 100 g Champignons · 1 EL Zitronensaft

100 g Parmesan oder Grana Padano am Stück · 1/2 Bund Rucola

Für 4 Personen
Zubereitungszeit: ca. 55 Min.
Marinierzeit: ca. 30 Min.
ca. 420 kcal je Portion

Tipps
Wenn die Kartoffeln ganz jung sind und eine dünne Schale haben, kann man sie auch ungepellt verwenden. Probieren Sie zu diesem Salat einen Nosiola aus der italienischen Weinregion Trentino.

Variation
Den Parmesan kann man gut durch Gorgonzola ersetzen. Dieser wird dann in kleine Würfel geschnitten und zum Schluss unter den Salat gehoben.

1 Die Kartoffeln waschen und ungeschält mit wenig Wasser, etwas Salz und den Kümmelkörnern in 25–30 Minuten gar kochen.

2 Inzwischen den Essig, etwas Salz, etwas Pfeffer, das Olivenöl und das Walnussöl zu einer cremigen Marinade verrühren. Die Knoblauchzehen schälen und durch eine Presse in die Marinade drücken.

3 Die Zucchini putzen, waschen und ungeschält in dünne Scheiben schneiden. Die Champignons putzen und ebenfalls in dünne Scheiben schneiden. Die Pilze sofort mit dem Zitronensaft beträufeln.

4 Die Kartoffeln pellen und je nach Größe längs vierteln oder achteln. Dann noch warm mit den Zucchini- und Champignonscheiben und der Marinade vermengen.

5 Den Kartoffelsalat etwa 30 Minuten durchziehen lassen, dabei ab und zu behutsam wenden. Den Salat mit Salz und Pfeffer abschmecken.

6 Eine Hälfte des Käses fein reiben und die andere Hälfte in kleine Stücke zerbröckeln. Den Rucola putzen, waschen und gut abtropfen lassen.

7 Den geriebenen Käse mit dem Kartoffelsalat vermischen, den Rucola unterheben. Den Salat zum Schluss mit den Käsestückchen bestreuen.

Provenzalischer Kartoffelsalat

- raffiniert
- vegetarisch
- für Kids
- low fat
- Vitamin C
- schnell
- preiswert
- für Gäste

Zutaten

600 g fest kochende Kartoffeln

300 g Putenbrustfilet · 6 EL Olivenöl · 1 EL Zitronensaft · 2 TL getrocknete Kräuter der Provence

2 kleine Zucchini · 100 g schwarze Olivenringe aus dem Glas · 2 Schalotten · 3–4 EL Weißweinessig

etwas Salz · etwas weißer Pfeffer aus der Mühle

etwa 150 ml Gemüsebrühe (Instant) · 4 Tomaten

Für 4 Personen
Zubereitungszeit: ca. 55 Min.
ca. 460 kcal je Portion

1 Die Kartoffeln waschen und in nur wenig Wasser in 25–30 Minuten zugedeckt gar kochen.

2 Das Fleisch kalt abwaschen, trockentupfen. 3 EL Öl, Zitronensaft und 1 TL der Kräuter verrühren, das Fleisch damit bestreichen und 15 Minuten zugedeckt marinieren.

3 Zucchini putzen, waschen und in dünne Scheiben schneiden, Oliven gut abtropfen und fein würfeln. Die Schalotten schälen und fein hacken. Aus 3 EL Essig, Salz, Pfeffer und dem restlichen Öl eine Marinade rühren, Oliven und Schalotten unterrühren.

4 Das Fleisch in einer beschichteten Pfanne von beiden Seiten etwa 6 Minuten braten, salzen, herausnehmen und abkühlen lassen. Die Zucchini im restlichen Pfannenfett kurz rundum anbraten, salzen und herausnehmen.

5 Die Kartoffeln abgießen, unter kaltem Wasser abschrecken und kurz abkühlen lassen. Pellen, in dünne Scheiben schneiden und in eine Schüssel geben. $^1/_8$ l der Brühe mit den restlichen Kräutern erhitzen, über die Kartoffeln gießen und 10 Minuten durchziehen lassen. Inzwischen die Tomaten putzen, waschen und in Spalten schneiden. Das Putenfleisch schräg in schmale Streifen teilen.

6 Die Tomaten, die Zucchini und das Fleisch locker unter die Kartoffeln heben. Die Marinade darüber gießen und alles 15 Minuten durchziehen lassen. Den Salat mit der übrigen Brühe und je nach Geschmack auch mit Essig abschmecken.

Zutaten

800 g fest kochende Kartoffeln

400 g Thunfisch aus der Dose (im eigenen Saft eingelegt) · 4 frische Eigelbe · 100 ml Gemüsebrühe · 5 EL eingelegte Kapern · 4 EL Weißweinessig · 1 kleine Zitrone · 150–200 ml Olivenöl · etwas schwarzer Pfeffer aus der Mühle

1 Kopf Radicchio

1 Bund Frühlingszwiebeln

Für 4 Personen
Zubereitungszeit: ca. 45 Min.
ca. 810 kcal je Portion

Kartoffelsalat mit Thunfischcreme

1 Die Kartoffeln waschen und in wenig Wasser zugedeckt in 25–30 Minuten gar kochen.

2 Für die Creme den Fisch abtropfen lassen und mit den Eigelben, 4 EL Brühe, der Hälfte der Kapern, 4 EL Essig und dem Saft der Zitrone im Mixer fein pürieren. Dabei esslöffelweise Olivenöl zufügen, bis die Sauce cremig wird. Mit Salz und Pfeffer abschmecken.

3 Kartoffeln abgießen, abschrecken, abkühlen lassen, pellen und in dünne Scheiben schneiden. Radicchio putzen, waschen und in mundgerechte Stücke teilen. Kartoffeln und Salat auf Tellern anrichten. Die restliche Brühe aufkochen, über die Kartoffeln und den Salat gießen. Kurz durchziehen lassen.

4 Die Frühlingszwiebeln putzen, waschen und in feine Ringe schneiden. Die Thunfischcreme und dann die übrigen Kapern sowie die Zwiebelringe auf den Kartoffeln verteilen. Alles pfeffern.

Tipp
Hierzu servieren Sie am besten einen trockenen, italienischen Rotwein, z. B. einen Chianti.

raffiniert +
vegetarisch −
für Kids −
low fat −
Vitamin C +
schnell +
preiswert +
für Gäste −

Grüner Kartoffelsalat mit Räucherlachs

- ⊕ raffiniert
- ⊖ vegetarisch
- ⊖ für Kids
- ⊕ low fat
- ⊖ Vitamin C
- ⊕ schnell
- ⊖ preiswert
- ⊕ für Gäste

1 Die Kartoffeln waschen und ungeschält in wenig Wasser zugedeckt in 25–30 Minuten gar kochen.

2 Die Zwiebel schälen und sehr fein würfeln. Die Gemüsebrühe in einem kleinen Topf aufkochen, die Zwiebel hinzufügen und alles etwa 3 Minuten köcheln lassen.

3 Die noch heißen Kartoffeln pellen und in gleichmäßig dicke Scheiben schneiden. Dann die Kartoffeln in eine Schüssel füllen, mit der heißen Zwiebelbrühe übergießen und leicht salzen und pfeffern.

4 Die Brunnenkresse und die Salatblätter putzen, waschen und gut abtropfen lassen. Die Salatblätter in feine Streifen schneiden. Beides zusammen mit den Kräutern und den Kapern auf die Kartoffeln geben.

5 Aus Essig, Kürbiskernöl, Salz, Pfeffer und Zucker eine Marinade rühren. Die Marinade über die Zutaten in der Schüssel gießen und alles vorsichtig vermischen. Den Salat mit Salz und Pfeffer abschmecken und auf Tellern anrichten.

6 Den Räucherlachs in kleinere Stücke oder Streifen schneiden und auf dem Kartoffelsalat verteilen.

Zutaten

750 g fest kochende Kartoffeln

1 Zwiebel · 125 ml Gemüsebrühe (Instant)

etwas Salz · etwas schwarzer Pfeffer aus der Mühle

40 g Brunnenkresse · 2–3 grüne Salatblätter (z. B. Batavia, Romana) · 4 EL gehackte, gemischte Kräuter (Petersilie, Schnittlauch, Dill, Basilikum, Kerbel) · 2 EL kleine Kapern

6 EL Weißweinessig · 2–3 EL Kürbiskernöl · 1 Prise Zucker

200 g Räucherlachs (am besten Bio-Räucherlachs)

Für 4 Personen
Zubereitungszeit: ca. 55 Min.
ca. 270 kcal je Portion

Tipp
Das Kürbiskernöl ist mit seiner kräftig grünen Farbe und seinem nussigen Geschmack eine ganz besondere Gaumenfreude. Das naturbelassene Öl ist eine Spezialität der österreichischen Steiermark und sollte nur für die kalte Küche verwendet werden.

Zutaten

600 g fest kochende Kartoffeln
300 g Möhren · etwas Salz
200 g Salatgurke · 4 EL Essig · etwas schwarzer Pfeffer aus der Mühle · 1 TL scharfer Senf · 5 EL Öl
400 g Schillerlocken · 1 Bund Schnittlauch

Für 4 Personen
Zubereitungszeit: ca. 50 Min.
ca. 400 kcal je Portion

Kartoffelsalat mit Schillerlocken

- raffiniert
- vegetarisch
- für Kids
- low fat
- Vitamin C
- schnell
- preiswert
- für Gäste

1 Die Kartoffeln waschen und ungeschält in wenig Wasser zugedeckt in 25–30 Minuten gar kochen.

2 Inzwischen die Möhren schälen, waschen und schräg in dünne Scheiben schneiden. Anschließend in kochendes Salzwasser geben und in 2–3 Minuten knackig garen. Die Möhren eiskalt abschrecken und gut abtropfen lassen.

3 Die Gurke waschen, abtrocknen, längs halbieren, entkernen und in dünne Scheiben schneiden. Aus dem Essig, etwas Salz und Pfeffer, dem Senf und dem Öl eine Marinade rühren.

4 Die Kartoffeln pellen, in gleichmäßig dünne Scheiben schneiden und zusammen mit den Möhren und der Gurke in eine Schüssel geben. Die Senfmarinade darüber gießen und unterheben.

5 Die Schillerlocken in etwa 2 cm dicke Stücke schneiden und unter den Salat heben, abschmecken. Den Schnittlauch waschen, trockentupfen, in feine Röllchen schneiden und vor dem Servieren über den Kartoffelsalat streuen.

Tipps

Der Salat lässt sich mit anderem Räucherfisch wie Forelle oder Makrele zubereiten. Er schmeckt aber ebenfalls prima mit gedünstetem Fisch wie Kabeljau oder schwarzem Heilbutt.
Zu dem Salat passt ein grüner Veltliner aus dem österreichischen Weinbaugebiet Wachau vorzüglich.

Kartoffelsalat mit Fenchel und Krabben

Zutaten
600 g fest kochende Kartoffeln · etwas Salz
300 g Fenchel · 1 Bund Petersilie
2 EL Sherryessig · 1 gute Prise Zucker · etwas weißer Pfeffer aus der Mühle · 8 EL Olivenöl
300 g ausgelöstes Krabbenfleisch

Für 4 Personen
Zubereitungszeit: ca. 45 Min.
ca. 420 kcal je Portion

raffiniert +
vegetarisch –
für Kids –
low fat –
Vitamin C +
schnell +
preiswert –
für Gäste +

1 Die Kartoffeln waschen und dann ungeschält in leicht gesalzenem Wasser in etwa 25–30 Minuten gar kochen.

2 Inzwischen den Fenchel putzen und waschen. Etwas vom Fenchelgrün zum Garnieren beiseite legen. Petersilie waschen, trockentupfen und die Blättchen grob hacken.

3 Den Fenchel in kochendes Salzwasser geben und in 10–15 Minuten bissfest gar kochen.

4 In einer Schüssel den Sherryessig mit einer guten Prise Salz, dem Zucker, Pfeffer und 6 EL Olivenöl gründlich zu einer Vinaigrette verrühren.

5 Den Fenchel aus dem Kochwasser heben, kalt abschrecken und in 1/2 cm breite Streifen schneiden.

6 Die Kartoffeln abgießen, kurz abdampfen lassen und pellen. In Scheiben schneiden und mit dem Fenchel zur Vinaigrette geben, noch 6–8 EL vom Fenchelkochwasser hinzufügen und alles gut vermischen.

7 Das restliche Öl in einer Pfanne erhitzen. Die Krabben darin kurz rundum anbraten.

8 Den Salat mit Salz, Pfeffer und eventuell Essig abschmecken, die Petersilie untermischen. Auf Tellern anrichten, die Krabben darauf verteilen, mit Fenchelgrün garnieren.

Exotischer Kartoffelsalat

- raffiniert
- vegetarisch
- für Kids
- low fat
- Vitamin C
- schnell
- preiswert
- für Gäste

Zutaten

600 g fest kochende Kartoffeln

1 Bund Frühlingszwiebeln · 1 EL Butter

2 Stangen Staudensellerie · 1 reife Mango

2 EL Weißweinessig · etwas Salz · etwas schwarzer Pfeffer aus der Mühle · 3 EL Öl

200 g saure Sahne · 1 EL Crème fraîche · 1 TL Currypulver · 1/2 TL Ingwerpulver · 1 EL fein gehackte Petersilie

200 g Rinderfilet

2 EL Butterschmalz

Für 4 Personen
Zubereitungszeit: ca. 55 Min.
ca. 470 kcal je Portion

Tipps

Statt des Rinderfilets können Sie auch gekochten Hinterschinken verwenden und in Streifen geschnitten auf dem Salat verteilen.

Als Getränk ist ein feinherbes Pils gut geeignet.

Wenn Sie Ingwer mögen, können Sie das Ingwerpulver durch 1 TL frisch geriebenen Ingwer austauschen.

1 Die Kartoffeln waschen und ungeschält in wenig Wasser zugedeckt in 25–30 Minuten gar kochen.

2 Inzwischen die Frühlingszwiebeln putzen, waschen und in etwa 4 cm lange Stücke schneiden. Die Butter in einer Pfanne erhitzen und die Frühlingszwiebeln darin rundum etwa 2 Minuten braten.

3 Den Staudensellerie putzen, waschen und in dünne Scheiben schneiden. Die Mango schälen, das Fruchtfleisch in großen Stücken vom Stein lösen und in zentimeterdicke Streifen schneiden.

4 Die Kartoffeln pellen und in gleichmäßig dünne Scheiben schneiden. Mit den Frühlingszwiebeln, dem Sellerie und der Mango vermischen.

5 Aus dem Essig, etwas Salz und Pfeffer und dem Öl eine Marinade rühren und unter den Salat heben.

6 Die saure Sahne mit der Crème fraîche und dem Currypulver glatt rühren. Die Currysahne mit Ingwerpulver, Salz und Pfeffer abschmecken und die Petersilie darunter rühren.

7 Das Rinderfilet mit Pfeffer würzen. In einer Pfanne das Butterschmalz heiß werden lassen, das Filet ins Schmalz legen und bei starker Hitze von jeder Seite 4 Minuten braten. Salzen und in feine Streifen schneiden.

8 Den Salat auf Tellern anrichten, die noch warmen Filetstreifen darunter mischen und den Salat mit der Currysahne servieren.

Zutaten

600 g fest kochende Kartoffeln · etwas Salz
1 Schalotte · 1 Bund Schnittlauch
1 TL scharfer Senf · 2 EL Weinessig · etwas weißer Pfeffer aus der Mühle · 1 gute Prise Zucker · 6–8 EL Sonnenblumen- oder Distelöl
ca. 125 ml Fleischbrühe (Instant)
2 säuerliche Äpfel (Boskop oder Jonathan) · 300 g harte Blutwurst im Ring
2 EL Butter

Für 4 Personen
Zubereitungszeit: ca. 1 Std.
ca. 550 kcal je Portion

Schwäbischer Kartoffelsalat

- ⊕ raffiniert
- ⊖ vegetarisch
- ⊖ für Kids
- ⊖ low fat
- ⊖ Vitamin C
- ⊖ schnell
- ⊕ preiswert
- ⊖ für Gäste

1 Die Kartoffeln waschen und ungeschält in Salzwasser in 25–30 Minuten gar kochen.

2 Inzwischen die Schalotte schälen und fein hacken. Schnittlauch waschen, trockentupfen und in feine Röllchen schneiden.

3 In einer Schüssel Senf, Essig, eine gute Prise Salz, Pfeffer und Zucker verrühren. Das Öl kräftig darunter schlagen. Die Schalotte unter die Marinade rühren.

4 Die Kartoffeln abgießen, etwas abdampfen lassen, pellen, in feine Scheiben schneiden und zur Marinade in die Schüssel geben. Die Brühe erhitzen, über die Kartoffeln gießen, alles gut vermischen und den Salat etwas durchziehen lassen.

5 Die Äpfel schälen, vierteln und die Kerngehäuse entfernen. Die Apfelviertel in feine Spalten schneiden. Die Blutwurst in etwa 1 cm dicke Scheiben schneiden.

6 In einer Pfanne 1 EL Butter zerlassen und die Äpfel darin weich dünsten. Aus der Pfanne nehmen und beiseite stellen. Die Blutwurst in der restlichen Butter knusprig braten.

7 Den Salat mit Salz, Pfeffer und eventuell etwas Essig abschmecken. In eine flache Schüssel füllen und mit dem Schnittlauch bestreuen. Die Apfel- und die Blutwurstscheiben darauf anrichten und den Salat servieren.

Zutaten

400 g rohes Kasseler (mit Knochen) · 2 Lorbeerblätter · 1 EL Wacholderbeeren · 2 Nelken
600 g fest kochende Kartoffeln
250 g grüne Bohnen · etwas Salz
2 kleine Zwiebeln · 1 rotschaliger, säuerlicher Apfel · 1 EL Zitronensaft
3–4 EL Apfelessig
200 g Roquefort · etwa 150 ml Milch · etwas schwarzer Pfeffer aus der Mühle

Für 4 Personen
Zubereitungszeit: ca. 1 1/4 Std.
ca. 500 kcal je Portion

Kartoffelsalat mit Roquefortdressing

1 Kasseler in einem Topf mit Wasser bedecken, Lorbeerblätter, Wacholderbeeren und Nelken dazugeben und alles bei milder Hitze 30 Minuten zugedeckt köcheln lassen.

2 Inzwischen die Kartoffeln waschen und dann ungeschält in wenig Wasser zugedeckt in 25–30 Minuten gar kochen.

3 Bohnen putzen, waschen und in viel kochendem Salzwasser 10 Minuten offen garen. Das Gemüse kalt abschrecken und abtropfen lassen.

4 Zwiebeln schälen und in Ringe schneiden. Apfel waschen, putzen, in schmale Spalten teilen und mit Zitronensaft beträufeln.

5 Kartoffeln abgießen, abschrecken, kurz abkühlen lassen, pellen und in dünne Scheiben schneiden. In einer Schüssel mit Zwiebelringen, Apfelspalten und Bohnen anrichten. 200 ml Kasselerkochsud abmessen, mit 3 EL Essig mischen und auf den Salat gießen. 10 Minuten zugedeckt ziehen lassen.

6 Roquefort zerkleinern, zerdrücken und mit so viel Milch glatt rühren, dass eine cremige Sauce entsteht. Das Kasseler vom Knochen lösen, klein würfeln und unter den Salat heben. Den Salat mit Kasselerkochsud und Essig abschmecken, das Käsedressing darauf gießen und alles pfeffern.

raffiniert +
vegetarisch −
für Kids −
low fat −
Vitamin C −
schnell −
preiswert −
für Gäste +

Fisch-Kartoffel-Eintopf

- raffiniert
- vegetarisch
- für Kids
- low fat
- Vitamin C
- schnell
- preiswert
- für Gäste

Zutaten

800 g Fischfilet (z. B. Kabeljau, Heilbutt, Meeraal, Thunfisch oder Schwertfisch) · etwas Salz · etwas schwarzer Pfeffer aus der Mühle

2 Zwiebeln · 4 Knoblauchzehen · 2 rote Chilischoten · 1/2 Bund glattblättrige Petersilie

1 kg Kartoffeln · 5 EL Olivenöl

1 TL Paprikapulver (edelsüß) · 1 Döschen Safran (à 0,2 g) · 1/2 TL Kümmel · 1 Lorbeerblatt · 1/8 l Weißwein · 1/4 l Gemüsebrühe (Instant)

Für 4 Personen
Zubereitungszeit: ca. 1 1/2 Std.
ca. 430 kcal je Portion

1 Das Fischfilet kalt abwaschen, trockentupfen, in nicht zu kleine Stücke schneiden und mit Salz und Pfeffer würzen.

2 Die Zwiebeln schälen und in Streifen schneiden. Die Knoblauchzehen schälen und fein hacken. Die Chilischoten waschen, trockentupfen, längs halbieren, entkernen und fein schneiden. Die Petersilie waschen und trockentupfen. Die Blätter abzupfen und grob zerkleinern.

3 Die Kartoffeln schälen, vierteln und in kochendem Salzwasser etwa 10 Minuten vorgaren. Das Öl in einem Topf erhitzen und darin die Zwiebelstreifen bei schwacher Hitze etwa 10 Minuten andünsten.

4 Knoblauch, Chilischoten, Paprikapulver, Safran, Kümmel und das Lorbeerblatt unter die Zwiebelstreifen rühren. Das Ganze etwa 5 Minuten dünsten. Den Weißwein sowie die Brühe zugießen, alles salzen und pfeffern.

5 Die Kartoffeln und die Petersilie in den Zwiebeltopf geben. Die Fischstücke darauf legen und bei schwacher Hitze etwa 10 Minuten garen.

Tipp
Sie können diesen Eintopf auch als Auflauf zubereiten: Das Zwiebelgemüse mit den rohen Fischstücken und den halbgaren Kartoffeln in eine Auflaufform geben und im Ofen in etwa 20 Minuten fertig garen.

Variation
Sie können die Fischmenge auf die Hälfte reduzieren und zusätzlich etwa 300 g Herzmuscheln zum Schluss in der Suppe ziehen lassen. Dafür bürsten Sie die Muscheln unter fließendem Wasser und werfen geöffnete Muscheln weg. Die geschlossenen Muscheln legen Sie auf den Eintopf und lassen alles etwa 5 Minuten ziehen.

Zutaten

2 Zwiebeln · 2 Knoblauchzehen · 750 g vorwiegend fest kochende Kartoffeln · 2 Stangen Staudensellerie

2 EL Olivenöl

2 eingelegte Sardellenfilets · 1 Lorbeerblatt · 3 Thymianzweige · 800 ml Fleischbrühe (Instant)

500 g Tomaten

400 g Chorizo · 2 EL kleine Kapern · etwas Salz · etwas schwarzer Pfeffer aus der Mühle

Für 4 Personen
Zubereitungszeit: ca. 1 Std.
ca. 620 kcal je Portion

Spanische Kartoffelsuppe

- raffiniert
- vegetarisch
- für Kids
- low fat
- Vitamin C
- schnell
- **preiswert**
- für Gäste

1 Die Zwiebeln und die Knoblauchzehen schälen und fein würfeln. Die Kartoffeln schälen, waschen und in große Würfel schneiden. Den Sellerie putzen, waschen und in dünne Scheibchen schneiden.

2 In einem Suppentopf Öl erhitzen. Zwiebeln und Knoblauch darin glasig dünsten, Sellerie zufügen und 3 Minuten mitdünsten.

3 Sardellen abspülen, abtrocknen und fein hacken. Mit den Kartoffeln, dem Lorbeerblatt und dem Thymian in den Topf geben und die Brühe zugießen. Alles aufkochen und zugedeckt 25 Minuten köcheln lassen.

4 Die Haut der Tomaten über Kreuz einritzen, kurz überbrühen, abschrecken und enthäuten. Stängelansätze herausschneiden, die Tomaten halbieren und entkernen. Das Fruchtfleisch in grobe Stücke schneiden.

5 Die Tomaten und die Würste in die Suppe geben und alles weitere 5 Minuten ziehen lassen, bis die Würste heiß sind. Die Kapern unterrühren. Die Suppe mit Salz, Pfeffer und etwas Kapernsud abschmecken.

Tipp
Zur Suppe können Sie zusätzlich 75 g geriebenen Schafskäse zum Darüberstreuen servieren.

Zutaten

750 g vorwiegend fest kochende Kartoffeln · 2 Zwiebeln · 2 Knoblauchzehen
3 EL Öl · 1 TL zerdrückte Senfkörner · $^1/_2$ TL gemahlener Kreuzkümmel
$^3/_4$–1 l Fleischbrühe (Instant)
200 g durchwachsener, geräucherter Speck (Schwarte entfernt) · 1 grüne Paprikaschote
1 reife Avocado · 2 EL Zitronensaft
etwas Salz · etwas weißer Pfeffer aus der Mühle

Für 4 Personen
Zubereitungszeit: ca. 45 Min.
ca. 510 kcal je Portion

Kartoffel-Avocado-Suppe

1 Kartoffeln schälen, waschen und in mittelgroße Würfel schneiden. Zwiebeln und Knoblauchzehen schälen und fein würfeln.

2 In einem Topf 2 EL Öl erhitzen, Zwiebeln und Knoblauch darin glasig dünsten. Kartoffeln und Gewürze zufügen, 5 Minuten braten.

3 Die Kartoffeln mit $^3/_4$ l Brühe ablöschen, aufkochen und alles zugedeckt bei mittlerer Hitze 25 Minuten köcheln lassen.

4 Den Speck in dünne Streifen schneiden. Die Paprikaschote vierteln, putzen, waschen und in dünne Streifen schneiden.

5 Das restliche Öl in einer Pfanne erhitzen, den Speck darin auslassen. Die Paprika zufügen und noch etwa 3 Minuten mitbraten.

6 Die Avocado halbieren. Das Fruchtfleisch herauslöffeln, mit dem Zitronensaft beträufeln und mit einer Gabel zerdrücken.

7 Die Hälfte der Suppe mit dem Mixstab pürieren und zurück in den Topf füllen. Das Avocadopüree und die Speck-Paprika-Mischung bis auf 3 EL zufügen und alles zu einer cremigen Suppe vermischen. Falls nötig, noch Brühe unterrühren und wieder heiß werden lassen.

8 Die Suppe mit Salz und Pfeffer abschmecken und mit der restlichen Speck-Paprika-Mischung bestreuen.

- raffiniert +
- vegetarisch −
- für Kids −
- low fat −
- Vitamin C +
- schnell +
- preiswert +
- für Gäste +

Bouillonkartoffeln mit Ratatouille

- ⊖ raffiniert
- ⊕ vegetarisch
- ⊕ für Kids
- ⊕ low fat
- ⊖ Vitamin C
- ⊖ schnell
- ⊕ preiswert
- ⊖ für Gäste

1 Die Kartoffeln waschen, schälen und in kleine Würfel schneiden. Dann die Kartoffeln in der Gemüsebrühe mit den Lorbeerblättern etwa 15 Minuten bei milder Hitze zugedeckt köcheln lassen.

2 Währenddessen die Aubergine putzen, waschen und in Scheiben teilen. Dann die Scheiben salzen und 10 Minuten in Wasser ziehen lassen.

3 Inzwischen die Zucchini putzen, waschen und klein würfeln. Die Tomaten über Kreuz einritzen, kurz überbrühen, abschrecken und enthäuten. Dann die Tomaten halbieren, die Kerne entfernen und das Fruchtfleisch klein würfeln.

4 Die Auberginenscheiben mit Küchenkrepp trockentupfen, dann ebenfalls klein würfeln. Das Olivenöl in einer beschichteten Pfanne erhitzen, die Tomaten-, Zucchini- und Auberginenwürfel 2–3 Minuten von allen Seiten anbraten. Das Gemüse mit Salz, Pfeffer, Thymian und Rosmarin würzen und mit dem Essig ablöschen.

5 Das Gemüse zu den Kartoffeln geben und alles etwa 10 Minuten bei milder Hitze köcheln lassen, bis die Kartoffeln gar sind. Das Ganze nochmals mit Salz und Pfeffer abschmecken. Zum Servieren mit Basilikumzweigen dekorieren.

Zutaten

500 g fest kochende Kartoffeln · 400 ml Gemüsebrühe (Instant) · 2 Lorbeerblätter

1 kleine Aubergine · etwas Salz

2 Zucchini · 4 feste Tomaten

4 EL Olivenöl · 2 TL Thymianblättchen · 1 TL fein gehackter Rosmarin · 1–2 EL Weißweinessig

2 Basilikumzweige zum Dekorieren

Für 4 Personen
Zubereitungszeit: ca. 1 Std.
ca. 270 kcal je Portion

Tipps

Servieren Sie zu den Bouillonkartoffeln Rumpsteaks. Dazu 4 Rumpsteaks à 200 g in der Pfanne in 4 EL heißem Öl von beiden Seiten 3–4 Minuten braten. Dann ist das Fleisch innen noch zart rosa.
Sehr gut schmeckt das Ratatouille, wenn man zusätzlich 1 Paprikaschote in Würfel geschnitten hinzugibt. Anstelle von frischen Tomaten können Sie auch eine kleine Dose geschälte Tomaten mit dem Saft zum Gemüse geben.

Kartoffelcremesuppe mit Lachs

- raffiniert
- vegetarisch
- für Kids
- low fat
- Vitamin C
- schnell
- preiswert
- für Gäste

Zutaten

250 g Lauch · 150 g Knollensellerie · 600 g mehlig kochende Kartoffeln

4 EL Butter · 3/4 l Fleisch- oder Hühnerbrühe

400 g frisches Lachsfilet ohne Haut (am besten Bio-Lachs) · 2 Scheiben Toastbrot · 1/2 Bund Schnittlauch

200 g Crème fraîche · etwas Salz · etwas weißer Pfeffer aus der Mühle · etwas frisch geriebene Muskatnuss

Für 4 Personen
Zubereitungszeit: ca. 45 Min.
ca. 580 kcal je Portion

1 Den Lauch längs aufschneiden, gründlich waschen und das Wurzelende sowie ganz dunkles Grün entfernen. Dann den Lauch in dünne Ringe schneiden. Den Sellerie und die Kartoffeln schälen und beides in etwa 2 cm große Würfel schneiden.

2 In einem großen Topf 2 EL Butter zerlassen. Lauch, Sellerie und Kartoffeln darin rundherum anbraten. Mit der Brühe ablöschen und zugedeckt bei milder Hitze etwa 25 Minuten köcheln lassen, bis das Gemüse ganz weich ist.

3 Inzwischen das Lachsfilet in 1 1/2 cm große Würfel schneiden und beiseite stellen. Das Toastbrot in 1 cm große Würfel schneiden und in der restlichen Butter goldgelb braten. Den Schnittlauch waschen, trockentupfen und nach Belieben in feine Röllchen schneiden oder ganz lassen.

4 Die Kartoffelsuppe mit dem Mixstab ganz fein pürieren. Die Crème fraîche unterrühren. Die Suppe mit Salz, Pfeffer und Muskatnuss abschmecken.

5 Die Suppe nochmals kurz aufkochen lassen, die Lachswürfel hineingeben und 1–2 Minuten darin ziehen lassen. Zum Servieren die Suppe auf vorgewärmte Teller geben und mit dem Schnittlauch sowie den Brotwürfeln bestreuen.

Tipp
Die Kartoffeln lassen sich leicht würfeln, wenn Sie an einer Seite etwas davon abschneiden, damit sie flach auf der Arbeitsfläche liegen. Dann zuerst waagrecht in Scheiben, dann senkrecht in Würfel schneiden.

Zutaten

800 ml Kalbs- oder Geflügelbrühe (Instant) · 800 g fest kochende Kartoffeln

1 Scheibe Toastbrot · 4 Salbeiblätter · 150 g Kalbsbrät · 1 frisches kleines Ei · 1–2 EL geriebener Parmesan · etwas Salz · etwas weißer Pfeffer aus der Mühle

2 frische Eiweiße

100 g Frühstücksspeck in Scheiben

Für 4 Personen
Zubereitungszeit: ca. 45 Min.
ca. 350 kcal je Portion

Kartoffelsuppe mit Salbeiklößchen

1 Hälfte der Brühe mit 1/2 l Wasser aufkochen. 600 g Kartoffeln schälen und in die Suppe reiben. Die Suppe mit halb aufgelegtem Deckel 20 Minuten köcheln, abkühlen lassen.

2 Für die Klößchen Toastbrot entrinden, den Rest fein reiben. Salbei waschen und fein hacken. Brät, Weißbrot, Ei, Salbei und Parmesan zu einer formbaren Masse vermengen, salzen und pfeffern. Dann mit einem Teelöffel 12 Klößchen formen und in leise köchelndem Salzwasser 3–4 Minuten gar ziehen lassen.

3 Die Eiweiße zu Schnee schlagen, in der Suppe kurz aufkochen, 15 Minuten ziehen lassen. Den Schaum abschöpfen. Die Brühe sofort durch ein Tuch in einen Topf gießen und die restliche Brühe unterrühren.

4 Restliche Kartoffeln schälen, in dünne Stifte schneiden und in der Brühe 8 Minuten bissfest köcheln. Speck in 1 cm breite Streifen schneiden und ohne Fett anbraten.

5 Die klare Kartoffelsuppe mit Kartoffelstiften, Klößchen und Speckstreifen anrichten. Nach Belieben noch etwas frischen Salbei, eventuell in Streifen geschnitten, darauf geben.

raffiniert ⊕
vegetarisch ⊖
für Kids ⊖
low fat ⊕
Vitamin C ⊖
schnell ⊖
preiswert ⊕
für Gäste ⊕

Tipp
Wenn Sie kein Kalbsbrät bekommen, können Sie die Klößchen auch mit frischem feinem Bratwurstbrät zubereiten.

Feiner Kartoffel-Linsen-Eintopf

- raffiniert
- vegetarisch
- für Kids
- low fat
- Vitamin C
- schnell
- preiswert
- für Gäste

Zutaten

200 g braune Linsen · 100 g Knollensellerie · 2 Schalotten · 500 g fest kochende Kartoffeln

4 EL Speiseöl · etwas Salz · etwas weißer Pfeffer aus der Mühle · 600 ml Hühnerbrühe (Instant) · 100 ml Orangensaft · 2 EL Sherryessig

750 g kleine Kaninchenteile · 1 Msp. Anispulver

400 g feste Tomaten · 8–10 Basilikumblätter

Für 4 Personen
Zubereitungszeit: ca. 55 Min.
Einweichzeit: ca. 4 Std.
ca. 590 kcal je Portion

1 Die Linsen 4 Stunden in reichlich kaltem Wasser einweichen. Danach den Sellerie und die Schalotten schälen und beides in kleine Würfel schneiden. Die Kartoffeln waschen, schälen und dann in 1 cm große Würfel schneiden.

2 Anschließend 2 EL Öl in einem Topf erhitzen. Die gut abgetropften Linsen, die Schalotten- und Selleriewürfel darin andünsten, salzen und pfeffern. Die Brühe, den Orangensaft und den Essig zugießen und alles 10 Minuten bei milder Hitze köcheln lassen.

3 Inzwischen die Kaninchenteile kalt abwaschen, gründlich trockentupfen, mit Salz, Pfeffer und Anis würzen. Das Fleisch in einer Pfanne in 2 EL heißem Öl von allen Seiten kräftig anbraten.

4 Die Kaninchenteile zusammen mit den Kartoffelwürfeln zum Eintopf geben und etwa 20 Minuten zugedeckt bei milder Hitze schmoren lassen.

5 Die Tomaten über Kreuz einschneiden, kurz überbrühen und enthäuten. Die Tomaten halbieren und die Stängelansätze sowie die Kerne entfernen. Das Fruchtfleisch in schmale Spalten schneiden und für die letzten 10 Minuten zum Eintopf geben. Alles mit Salz und Pfeffer abschmecken. Die Basilikumblätter in feine Streifen schneiden und über das fertige Gericht streuen.

Tipps

Servieren Sie zum Linseneintopf einen französischen Roséwein, z. B. aus der Provence.

Sie sparen Zeit, wenn Sie die Linsen schon am Vorabend bzw. über Nacht einweichen.

Zutaten

600 g fest kochende Kartoffeln · 1 Zwiebel

4 Stangen Staudensellerie mit Grün · 5 Tomaten

3 EL Öl · 400 ml Gemüsebrühe (Instant) · 5 EL Apfelsaft · 1 Prise Nelkenpulver · etwas Salz · etwas schwarzer Pfeffer aus der Mühle

200 g Gorgonzola · 100 g Sahne · 1 Prise Muskat

Für 4 Personen
Zubereitungszeit: ca. 1 Std.
ca. 460 kcal je Portion

Kartoffel-Gorgonzola-Ragout

- ⊕ raffiniert
- ⊕ vegetarisch
- ⊖ für Kids
- ⊖ low fat
- ⊖ Vitamin C
- ⊖ schnell
- ⊖ preiswert
- ⊕ für Gäste

1 Die Kartoffeln waschen, schälen und in dünne Scheiben schneiden. Die Zwiebel schälen und fein hacken.

2 Den Sellerie putzen (dabei das Grün aufbewahren), waschen und in 1/2 cm dünne Scheiben schneiden. Die Tomaten über Kreuz einritzen, kurz überbrühen, abschrecken und enthäuten. Die Tomaten halbieren, entkernen und in schmale Spalten schneiden.

3 Kartoffeln und Sellerie in heißem Öl andünsten. Die Zwiebel zugeben und kurz mitdünsten. Die Gemüsebrühe und den Apfelsaft zugießen. Alles mit dem Nelkenpulver, Salz und Pfeffer würzen. Bei milder Hitze zugedeckt 20 Minuten köcheln lassen.

4 Den Käse zerkrümeln und in der Sahne bei milder Hitze unter Rühren schmelzen lassen. Mit Muskat und Pfeffer abschmecken.

5 Den Topf von der Kochstelle nehmen, die Käsesauce langsam zugießen und unterrühren. Die Tomaten unterheben und das Ragout bei milder Hitze offen etwa 5 Minuten sämig einköcheln lassen. Zum Schluss mit Pfeffer und etwas gehacktem Selleriegrün bestreuen.

Tipp
Als Fleischbeilage ist gekochtes Rindfleisch oder ein gegartes Kasseler-Kotelett geeignet.

Asiatisches Kartoffelcurry

Zutaten

500 g fest kochende Kartoffeln · 200 g Rinderfilet · 250 g Prinzessböhnchen · etwas Salz · 1 kleine Zwiebel

4 EL Speiseöl · etwas Pfeffer aus der Mühle

1–2 TL Sambal Oelek · 1 TL Zucker · 1 Dose ungesüßte Kokosmilch (400 ml)

1 EL Zitronensaft

1 Bund frischer Koriander oder Petersilie

raffiniert +
vegetarisch −
für Kids −
low fat +
Vitamin C −
schnell −
preiswert −
für Gäste +

Für 4 Personen
Zubereitungszeit: ca. 1 Std.
ca. 350 kcal je Portion

1 Kartoffeln waschen, schälen und in 1 cm große Würfel schneiden. Fleisch kalt abwaschen, trockentupfen und in Streifen schneiden. Bohnen putzen, waschen, in kochendem Salzwasser 8 Minuten garen, abschrecken und abtropfen lassen. Zwiebel schälen und würfeln.

2 Das Fleisch in 2 Portionen in je 1 EL heißem Öl kurz in einer Pfanne anbraten, salzen, pfeffern und dann herausnehmen.

3 Die Zwiebel im restlichen Öl in einem Topf braten. Kartoffeln zugeben und kurz andünsten. Sambal Oelek, Zucker und etwas Kokosmilch verrühren, zu den Kartoffeln geben. Die restliche Kokosmilch zugießen und alles 30 Minuten bei milder Hitze köcheln lassen.

4 Die Bohnen nach Belieben schräg in je 2–3 Stücke schneiden. Die letzten 5 Minuten Fleisch und Bohnen zu den Kartoffeln geben, mitköcheln lassen und mit Zitronensaft abschmecken.

5 Die Koriander- bzw. Petersilienblättchen grob hacken und über das Gericht streuen.

Tipp
Zu diesem scharfen Gericht passt ein grüner Tee oder ein herbes Pils.

Kartoffel-Möhren-Rösti

- raffiniert
- vegetarisch
- für Kids
- low fat
- Vitamin C
- schnell
- preiswert
- für Gäste

Zutaten

800 g fest kochende Kartoffeln · 200 g Möhren · 1–2 kleine Zwiebeln

1–2 frische Eier · 2–3 EL Mehl · etwas Salz · 4 EL Sonnenblumenkerne

60 g Butterschmalz

1 reife Avocado · 3–4 EL Zitronensaft · 4 EL Milch · 200 g körniger Frischkäse

2 Bund Basilikum · etwas weißer Pfeffer aus der Mühle

Für 4 Personen
Zubereitungszeit: ca. 45 Min.
ca. 680 kcal je Portion

1 Kartoffeln, Möhren und Zwiebel schälen. Die Kartoffeln auf der groben Seite der Rohkostreibe (oder in der Küchenmaschine) raffeln. Wenn sich dabei viel Flüssigkeit bildet, diese ablaufen lassen, oder die Kartoffeln in einem Tuch ausdrücken. Möhren und Zwiebel raffeln und mit den Kartoffelraffeln mischen.

2 Eier, Mehl und 1/2–1 TL Salz unter die Raffeln mischen. Die Sonnenblumenkerne grob hacken und in einer beschichteten Pfanne ohne Fett hellbraun rösten. Zur Kartoffelmasse geben.

3 Das Butterschmalz portionsweise in der Pfanne erhitzen und nacheinander etwa 16 Rösti backen. Die fertigen Puffer im 75 °C (Umluft ca. 50 °C; Gas Stufe 1) heißen Backofen auf einem mit Küchenkrepp ausgelegten Backblech warm halten.

4 Die Avocado längs halbieren, den Kern entfernen und das Fruchtfleisch mit einem großen Löffel herausheben. Das Avocadofleisch und den Zitronensaft mit dem Mixstab pürieren. Die Milch und den Frischkäse unterheben.

5 Das Basilikum waschen, trockentupfen, die Blättchen abzupfen und hacken. Unter den Avocadodip heben, salzen und pfeffern. Den Avocadodip zu den Kartoffel-Möhren-Rösti reichen.

Tipps

Reife Avocados erkennen Sie daran, dass das Fruchtfleisch auf leichten Druck nachgibt. Ist die Avocado noch unreif, wickeln Sie sie in Zeitungspapier und lassen sie 2–3 Tage bei Zimmertemperatur nachreifen.

Variation

Übrig gebliebene Puffer eignen sich gut zum Einfrieren. Legen Sie je ein Stück Butterbrotpapier zwischen die Puffer – so können Sie sie portionsweise entnehmen und im Backofen aufbacken.

Kartoffelplätzchen mit Hackfleischfüllung

- ⊕ raffiniert
- ⊖ vegetarisch
- ⊕ für Kids
- ⊖ low fat
- ⊖ Vitamin C
- ⊖ schnell
- ⊕ preiswert
- ⊖ für Gäste

Zutaten

750 g mehlig kochende Kartoffeln · etwas Salz

1 kleine Zwiebel · 1 Bund Petersilie · 1 EL Butter

250 g gemischtes Hackfleisch · 150 g Kalbsbrät · 2 frische Eier · 50 g Semmelbrösel · etwas weißer Pfeffer aus der Mühle

3 frische Eigelbe · 100 g Mehl · etwas geriebene Muskatnuss

etwas Mehl zum Wälzen · 6 EL Speiseöl oder 75 g Butterschmalz zum Ausbacken

Für 4 Personen
Zubereitungszeit: ca. 1 1/4 Std.
Ruhezeit: ca. 30 Min.
ca. 770 kcal je Portion

1 Die Kartoffeln ungeschält in leicht gesalzenem Wasser in 25–30 Minuten gar kochen.

2 Inzwischen die Zwiebel schälen und fein hacken. Die Petersilie waschen, trockentupfen, die Blättchen von den Stielen zupfen und fein hacken. Die Butter in einer Pfanne zerlassen und die Zwiebel zusammen mit der Petersilie darin weich dünsten.

3 Das Hackfleisch mit dem Kalbsbrät, der Zwiebelmischung, den Eiern und den Semmelbröseln vermischen. Die Masse mit Salz und Pfeffer kräftig abschmecken.

4 Die Kartoffeln abgießen, kurz abdampfen lassen, pellen und noch warm durch die Kartoffelpresse drücken. In einer Schüssel die Masse mit den Eigelben und dem Mehl vermischen, damit ein formbarer Teig entsteht. Mit Salz, Pfeffer und Muskat würzen.

5 Den Kartoffelteig auf einem Stück Frischhaltefolie zu einem Rechteck flach drücken. Den Fleischteig mit nassen Händen zu einer Rolle formen, in die Mitte der Kartoffelmasse legen und durch Anheben der Folie damit umhüllen. Die Rolle fest in die Folie wickeln und etwa 30 Minuten kalt stellen.

6 Von der Rolle gut fingerdicke Scheiben abschneiden. Die Scheiben in etwas Mehl wälzen und die Kartoffelplätzchen im heißen Fett von beiden Seiten goldgelb ausbacken.

Tipp
Hackfleisch und Kalbsbrät zusammen können Sie durch 500 g Schweinemett ersetzen. Dieses mit Majoran kräftig würzen.

Zutaten

250 g mehlig kochende Kartoffeln

1 Zwiebel · 1–2 Knoblauchzehen · 1 Möhre

2 EL Speiseöl · 400 g gemischtes Hackfleisch · 1 TL gemahlener Kreuzkümmel · etwas Salz · etwas Pfeffer aus der Mühle

1 EL Tomatenmark · 1 kleine Dose geschälte Tomaten · 125 ml Fleischbrühe · 1 TL getr. Oregano

4 frische Eier · 125 g Mehl · 1 Msp. Backpulver · 150–250 ml Milch · etwas Salz · etwas weißer Pfeffer aus der Mühle

2–3 EL Öl zum Backen

Für 4 Personen
Zubereitungszeit: ca. 1 Std.
ca. 630 kcal je Portion

Gefüllte Kartoffelpfannkuchen

1 Die Kartoffeln waschen und ungeschält in wenig Wasser zugedeckt in etwa 25–30 Minuten gar kochen.

2 Inzwischen Zwiebel und Knoblauch schälen und fein würfeln. Die Möhre schälen, waschen und in feine Stifte schneiden.

3 In einer Pfanne das Öl erhitzen. Die vorbereiteten Zutaten darin kurz andünsten. Das Hackfleisch zufügen und krümelig braten, mit Kreuzkümmel, Salz und Pfeffer würzen.

4 Tomatenmark, Dosentomaten samt Saft, Brühe und Oregano zum Fleisch geben und unterrühren. Bei mittlerer Hitze ohne Deckel etwa 20 Minuten köcheln lassen.

5 Die Kartoffeln pellen und durch eine Kartoffelpresse in eine Schüssel drücken und kurz abkühlen lassen.

6 Die Eier unterrühren, Mehl und Backpulver darüber sieben und untermischen. So viel Milch unter den Teig rühren, dass er glatt und dünn wird. Salzen und pfeffern. Den Teig 10 Minuten quellen lassen.

7 Eine beschichtete Pfanne (20 cm Ø) mit Öl einpinseln und stark erhitzen. Je eine kleine Kelle Teig hineingeben und die Pfannkuchen von beiden Seiten goldgelb backen.

8 Hackfleisch abschmecken, auf die Pfannkuchen geben und diese zusammenklappen.

- raffiniert ⊖
- vegetarisch ⊖
- für Kids ⊕
- low fat ⊖
- Vitamin C ⊖
- schnell ⊖
- preiswert ⊕
- für Gäste ⊖

Tortilla

- raffiniert
- vegetarisch
- für Kids
- low fat
- Vitamin C
- schnell
- preiswert
- für Gäste

Zutaten

400 g fest kochende Kartoffeln · 1 Gemüsezwiebel · 1 große rote Paprikaschote

6 EL Olivenöl · etwas Salz · etwas schwarzer Pfeffer aus der Mühle

150 g Chorizo (ersatzweise Debrecziner) · 6 frische Eier

Für 4 Personen
Zubereitungszeit: ca. 45 Min.
ca. 480 kcal je Portion

1 Die Kartoffeln schälen und in Würfel schneiden. Die Zwiebel schälen und sehr grob hacken. Die Paprikaschote waschen, putzen und in kurze Streifen schneiden.

2 Das Öl in einer großen schweren Pfanne bei mittlerer Temperatur erhitzen. Die Kartoffeln und die Zwiebeln hineingeben und alles gut salzen und pfeffern. Die Paprikaschote hinzufügen und alles unter gelegentlichem Wenden zugedeckt etwa 20 Minuten garen. Kartoffeln, Zwiebeln und Paprika sollen weich werden, jedoch nicht bräunen. Das Öl in ein Schüsselchen abgießen und beiseite stellen. Das Gemüse etwas abkühlen lassen.

3 Die Wurst mit einem scharfen Messer in kleine Stücke schneiden. Die Eier verquirlen und in einer Schüssel mit dem Kartoffelgemüse und der Wurst vermischen.

4 Die Pfanne mit Küchenkrepp auswischen und von dem beiseite gestellten Öl so viel hineingeben, dass der Boden gerade bedeckt ist. Das Öl erhitzen, die Tortillamasse einfüllen und glatt verstreichen. Die Tortilla bei mäßiger Hitze backen, bis die Unterseite gebräunt ist und sich vom Pfannenboden löst. Gelegentlich rütteln.

5 Einen großen flachen Deckel auf die Pfanne legen und die Pfanne rasch umdrehen, sodass die Tortilla in den Deckel fällt. Wieder etwas Öl in die Pfanne geben und die Tortilla vom Deckel hineingleiten lassen. Weiterbacken, bis auch die zweite Seite goldbraun ist. Heiß oder lauwarm servieren.

Tipp

Aus diesem Gericht wird eine sommerliche Mahlzeit für Ihre Gäste, wenn Sie einen Tomatensalat mit Frühlingszwiebelringen und frisches Brot dazureichen. Als Getränk passt ein gut gekühl-tes Bier oder eine Apfelsaftschorle.

Zutaten

50 g getrocknete Steinpilze ·
700 g möglichst kleine, überwiegend fest kochende Kartoffeln
200 g Blattspinat · etwas Salz
50 g durchwachsener Speck ·
1 große Zwiebel ·
1 Knoblauchzehe
1 EL Butter
100 g Crème fraîche ·
200 ml kräftige Fleischbrühe
etwas weißer Pfeffer aus der Mühle · 2 EL Petersilienblättchen

Für 4 Personen
Zubereitungszeit: ca. 40 Min.
ca. 370 kcal je Portion

Steinpilzkartoffeln

- raffiniert
- vegetarisch
- für Kids
+ low fat
+ Vitamin C
+ schnell
- preiswert
+ für Gäste

1 Die Steinpilze in einer Schüssel mit 100 ml heißem Wasser übergießen und einweichen. Die Kartoffeln waschen und zugedeckt in wenig Wasser in 20–25 Minuten gar kochen.

2 Inzwischen den Spinat putzen und für 1 Minute in kochendes Salzwasser geben. Den Spinat eiskalt abschrecken, gut abtropfen lassen und grob zerschneiden.

3 Den Speck ohne Schwarte in kleine Würfel schneiden. Zwiebel und Knoblauch schälen und fein würfeln.

4 In einer großen Pfanne mit hohem Rand die Butter zerlassen und den Speck darin kurz anbraten. Zwiebel und Knoblauch zufügen und glasig dünsten.

5 Die Pilze mit dem Einweichwasser dazugeben. Die Crème fraîche und 100 ml Brühe unterrühren. Die Sauce offen bei milder Hitze unter gelegentlichem Rühren 10 Minuten köcheln lassen.

6 Inzwischen die noch warmen Kartoffeln schälen, je nach Größe halbieren oder vierteln und mit dem Spinat in die Steinpilzsauce geben. Alles heiß werden lassen. Ist die Sauce zu dick, etwas Brühe zufügen.

7 Alles mit Salz und Pfeffer abschmecken und mit Petersilienblättchen bestreuen.

Tipp
Hierzu passt ein leichter, französischer Rotwein, z. B. ein Beaujolais.

Röstkartoffeln mit Garnelen

Zutaten

350–400 g kleine rohe Garnelen ohne Kopf (frisch oder tiefgekühlt) · etwas schwarzer Pfeffer aus der Mühle · Zitronensaft

700 g kleine, fest kochende Pellkartoffeln vom Vortag · 2–3 Knoblauchzehen · 1/2 Bund Petersilie

5 EL Olivenöl

etwas Salz · 3 EL Pesto

Für 4 Personen
Zubereitungszeit: ca. 30 Min.
ca. 430 kcal je Portion

raffiniert +
vegetarisch −
für Kids −
low fat −
Vitamin C −
schnell +
preiswert −
für Gäste −

1 Von den Garnelen die Panzer bis auf die Schwanzstücke ablösen. Mit einem spitzen Messer die Garnelenrücken längs einschneiden und den dünnen Darm entfernen. Die Garnelen abspülen, trockentupfen und mit etwas Pfeffer und Zitronensaft würzen.

2 Kartoffeln schälen und in dünne Scheiben schneiden. Knoblauch schälen und in sehr dünne Scheiben schneiden. Petersilie waschen, trockentupfen und Blättchen abzupfen.

3 In einer großen Pfanne 3 EL Öl erhitzen und die Kartoffeln darin von allen Seiten unter gelegentlichem Wenden goldbraun braten.

4 In einer zweiten Pfanne das restliche Öl erhitzen, die Garnelen und den Knoblauch darin unter Rühren etwa 3 Minuten braten, bis die Garnelen rot geworden sind.

5 Die Röstkartoffeln mit den Knoblauchgarnelen und den Petersilienblättchen vermengen. Leicht salzen, pfeffern und auf Tellern anrichten. Pesto darüber geben oder in einem zusätzlichen Schälchen servieren.

Tipp
Statt Garnelen können Sie auch beliebiges Fischfilet in Stücke schneiden und kross braten.

Kartoffel-Leber-Spießchen

- ⊕ raffiniert
- ⊖ vegetarisch
- ⊕ für Kids
- ⊕ low fat
- ⊕ Vitamin C
- ⊖ schnell
- ⊕ preiswert
- ⊖ für Gäste

1 Für das Chutney die Äpfel schälen, vierteln und das Kernhaus entfernen. Dann die Apfelstücke klein würfeln und mit dem Zitronensaft beträufeln. Die Schalotten schälen, fein würfeln und in einer Pfanne in der Butter andünsten. Die Apfelwürfel, den Zucker und den Essig zugeben und bei milder Hitze zugedeckt etwa 15 Minuten köcheln lassen. Das Senfpulver unterrühren und alles nochmals 5 Minuten köcheln lassen.

2 Die Kartoffeln waschen und in wenig Wasser zugedeckt in 15–20 Minuten garen. Das Wasser abgießen, die Kartoffeln unter kaltem Wasser abschrecken und abkühlen.

3 Inzwischen die Leber kalt abwaschen, trockentupfen und in 1 1/2 cm große Würfel schneiden. Die Paprikaschote putzen, waschen und in 1 1/2 cm große Quadrate schneiden. Die Kartoffeln pellen und halbieren.

4 Auf 8 Schaschlikspieße abwechselnd die Kartoffelhälften (pro Spieß 6 Hälften) und die Paprika- und Leberstücke schieben. Mit Thymian, Salz und Pfeffer würzen. Die Spieße in heißem Öl in einer Pfanne rundum etwa 8 Minuten braten. Mit dem Apfel-chutney servieren.

Zutaten

2 säuerliche Boskop-Äpfel · 1 EL Zitronensaft · 2 Schalotten · 1 EL Butter · 5 EL Zucker · 6 EL Weißweinessig · 1 Msp. Senfpulver

12 kleine, fest kochende Kartoffeln

300 g Putenleber · 1 gelbe Paprikaschote

1 EL gehackte Thymianblättchen · etwas Salz · etwas schwarzer Pfeffer aus der Mühle · 4 EL Sonnenblumenöl

Für 4 Personen
Zubereitungszeit: ca. 1 Std.
ca. 380 kcal je Portion

Tipps

Reichen Sie zu den Spießchen einen trockenen, französischen Rosé.
Als erfrischende Ergänzung zu diesem Gericht empfiehlt sich ein Blattsalat (etwa 100 g Feldsalat) mit einem Walnussdressing aus 2 EL Weißweinessig, Salz, Pfeffer, je 2 EL geschmacksneutralem Salatöl und Walnussöl und 1 EL gehackten Walnüssen.
Wenn Sie keine Leber mögen, können Sie die Spießchen auch mit Putenbrust zubereiten.

Zutaten

300 g Rinderfilet · 4 EL helle Sojasauce · 1 EL Zitronensaft · 1 TL Speisestärke
200 g Möhren · 400 g fest kochende Kartoffeln · 1/2 Bund Frühlingszwiebeln
3–4 EL Öl · etwas Salz · etwas Pfeffer aus der Mühle
100 ml Gemüsebrühe (Instant) · 2 EL trockener Sherry · 1–2 TL geriebener Ingwer
100 g Mungobohnensprossen

Für 4 Personen
Zubereitungszeit: ca. 35 Min.
Marinierzeit: ca. 20 Min.
ca. 320 kcal je Portion

Asiatische Kartoffelpfanne

- ⊕ raffiniert
- ⊖ vegetarisch
- ⊖ für Kids
- ⊕ low fat
- ⊖ Vitamin C
- ⊕ schnell
- ⊖ preiswert
- ⊕ für Gäste

1 Fleisch kalt abwaschen, trockentupfen und in schmale Streifen schneiden. Die Sojasauce mit dem Zitronensaft und der Speisestärke verrühren und unter das Fleisch mischen. Alles 20 Minuten durchziehen lassen.

2 Die Möhren putzen, waschen, schälen und in kurze Stifte schneiden. Die Kartoffeln schälen und in dünne Stifte schneiden. Die Frühlingszwiebeln putzen, waschen und in feine Ringe schneiden.

3 Das Fleisch im Wok oder in einer beschichteten Pfanne in 2 EL heißem Öl unter Rühren etwa 2 Minuten anbraten, leicht salzen, pfeffern und herausnehmen.

4 Im restlichen Öl Möhren und Kartoffeln andünsten. Die Brühe und die übrige Marinade vom Fleisch angießen und alles unter Rühren in 5 Minuten bissfest garen. Mit Salz, Pfeffer, Sherry und Ingwer würzen.

5 Die Sprossen, die Frühlingszwiebeln und das Fleisch unterheben, erneut kurz erhitzen und abschmecken.

6 Die asiatische Kartoffelpfanne auf Teller verteilen und anschließend sofort servieren.

Tipp
Damit das Gemüse schnell im Wok oder in der Pfanne gart, müssen Sie es gleichmäßig klein schneiden.

Zutaten

800 g fest kochende Kartoffeln · etwas Salz · 1 EL Kümmel

300 g Möhren · 300 g Champignons · 1 EL Zitronensaft

2 EL Öl · etwas schwarzer Pfeffer aus der Mühle · 1 TL getrockneter Majoran

2 EL Butterschmalz · 200 g Schmand · 2 EL Joghurt · 1 Bund Schnittlauch

Für 4 Personen
Zubereitungszeit: ca. 45 Min.
ca. 470 kcal je Portion

Kartoffel-Schmand-Pfanne

1 Die Kartoffeln waschen und ungeschält in reichlich Wasser mit Salz und Kümmel in 25–30 Minuten zugedeckt gar kochen.

2 Die Möhren putzen, waschen, schälen und schräg in dünne Scheiben schneiden. Die Pilze putzen, abreiben und blättrig schneiden, mit dem Zitronensaft beträufeln.

3 Die Pilze trockentupfen und in 1 EL Öl knusprig braten. Salzen und pfeffern, herausnehmen. Die Möhren in 1 EL Öl und 2 EL Wasser bei geschlossenem Deckel in 6–8 Minuten bissfest garen, mit Salz, Pfeffer sowie Majoran würzen und herausnehmen.

4 Kartoffeln abgießen, pellen, kurz abkühlen lassen, dünn in Scheiben schneiden und in 2 Portionen mit je 1 EL Butterschmalz in der Pfanne knusprig braten. Die Kartoffeln mit den Möhren und den Pilzen mischen.

5 Schmand mit Joghurt verrühren, unter die Kartoffeln und das Gemüse heben und alles erhitzen. Alles mit Salz und Pfeffer abschmecken. Den Schnittlauch in feine Röllchen schneiden und darüber streuen.

raffiniert −
vegetarisch +
für Kids +
low fat −
Vitamin C −
schnell +
preiswert +
für Gäste −

Tipps
Wenn Sie keinen Schmand bekommen, können Sie stattdessen auch Crème fraîche nehmen. Fettärmer wird es mit saurer Sahne.

Türkische Kartoffel-Hackfleisch-Pfanne

- raffiniert
- vegetarisch
- für Kids
- low fat
- Vitamin C
- schnell
- preiswert
- für Gäste

Zutaten

600 g fest kochende Kartoffeln

400 g Spinat · etwas Salz · 1 Zwiebel

2 EL Speiseöl · 400 g gemischtes Hackfleisch · 2 TL Tomatenmark · etwas schwarzer Pfeffer aus der Mühle · etwas gemahlener Kreuzkümmel

200 g weicher Schafskäse

2 EL Butterschmalz · 1 TL Mehl · 200 g saure Sahne · 1 TL Zitronensaft · 1 Bund frische Minze

Für 4 Personen
Zubereitungszeit: ca. 1 Std.
ca. 680 kcal je Portion

Tipp

Servieren Sie einen fruchtigen Weißwein, z. B. einen Gewürztraminer aus dem Elsass zu diesem Gericht.
Noch etwas kräftiger schmeckt die Kartoffelpfanne, wenn Sie statt des gemischten Hackfleischs Lammhack nehmen. Lassen Sie das Lammfleisch gleich beim Metzger durchdrehen, das spart Zeit und Arbeit.
Dazu passt besonders gut Gurkensalat, den Sie statt traditionell mit Dill auch einmal mit frischer Minze und Kreuzkümmel würzen können.

1 Die Kartoffeln waschen und ungeschält in wenig Wasser zugedeckt in 25–30 Minuten gar kochen.

2 Inzwischen den Spinat verlesen, putzen, waschen und in kochendem Salzwasser blanchieren. Den Spinat kalt abschrecken und gut abtropfen lassen. Die Zwiebel abziehen und fein hacken.

3 Das Öl in einer Pfanne erhitzen, die Zwiebel darin anbraten. Das Hackfleisch zugeben und bröselig braten. Das Tomatenmark unterrühren und alles mit Salz, Pfeffer und Kreuzkümmel würzen. Das Hackfleisch aus der Pfanne nehmen.

4 Die Kartoffeln abgießen, pellen und kurz abkühlen lassen. Den Schafskäse mit den Fingern zerkrümeln und die Kartoffeln in dünne Scheiben schneiden.

5 Die Kartoffeln in 2 Portionen in je 1 EL Butterschmalz in einer tiefen beschichteten Pfanne knusprig braten. Alle Kartoffeln mit dem Spinat, dem Hackfleisch und dem Schafskäse vermischen. Das Mehl mit der sauren Sahne glatt rühren und locker unter die Kartoffeln ziehen. Alles nochmals kurz erhitzen und mit Salz, Pfeffer und Zitronensaft abschmecken. Die Minzeblättchen fein hacken und darüber streuen.

Kartoffelviertel mit Paprikasalsa

- raffiniert
- vegetarisch
- für Kids
- low fat
- Vitamin C
- schnell
- preiswert
- für Gäste

1 Die Kartoffeln gründlich waschen und abbürsten. Die Kartoffeln längs vierteln. Die Viertel eventuell quer halbieren. Die Kartoffeln mit dem Öl bepinseln und salzen.

2 Paprikapulver, Kreuzkümmel und Oregano mischen. Die Kartoffeln mit der Würzmischung bestreuen und mit der Hautseite nach oben auf ein Backblech legen. Im vorgeheizten Backofen bei 175 °C (Umluft 150 °C; Gas Stufe 2) etwa 25 Minuten backen. Die Kartoffeln wenden und dann 10–15 Minuten weiterbacken, bis sie gar sind.

3 Inzwischen die Paprikaschoten vierteln, putzen und mit der Hautseite nach oben auf ein Backblech legen. Unter dem Backofengrill 10 Minuten grillen, bis die Haut schwarz ist und Blasen wirft.

4 Die Zwiebel schälen und in dicke Ringe schneiden. Mit dem ungeschälten Knoblauch nach 5 Minuten zu den Paprikavierteln geben. Die Paprika mit einem feuchten Küchentuch bedecken und etwa 10 Minuten ruhen lassen.

5 Die Chilischoten längs aufschlitzen, entkernen und waschen. Wenn man nicht mit Haushaltshandschuhen arbeitet, danach sofort die Hände waschen. Das Basilikum waschen, trockentupfen und die Blättchen abzupfen. Die Limette auspressen.

6 Die Paprikaschoten enthäuten und den Knoblauch schälen. Mit Zwiebeln, geschältem Knoblauch, Chili, Limettensaft und Basilikum im Blitzhacker zerkleinern. Das Öl untermischen und alles mit Rotweinessig, Salz und Pfeffer abschmecken. Die Kartoffeln mit der Paprikasalsa servieren.

Zutaten

800 g Kartoffeln · 2 EL Öl · etwas Salz

1 TL Paprikapulver · 1/2 TL Kreuzkümmel · 1/2 TL getr. Oregan· 2 rote Paprikaschoten

1 große Zwiebel · 2–3 Knoblauchzehen

2 kleine rote Chilischoten · 1 Bund Basilikum · 1 Limette

3 EL Olivenöl · 1–2 EL Rotweinessig · etwas Pfeffer aus der Mühle

Für 4 Personen
Zubereitungszeit: ca. 30 Min.
ca. 300 kcal je Portion

Variation

Aus der Paprikasalsa lässt sich auch ein milder Dip herstellen. Die Paprikaschoten werden dazu mit der Zwiebel und dem Knoblauch wie im Rezept beschrieben zerkleinert. Dann rühren Sie etwa 100 g Schmand und den Rotweinessig unter. Zum Schluss schmecken Sie den Dip mit Salz, schwarzem Pfeffer und einigen Spritzern Worcestersauce ab.

Zutaten

12 gleich große, fest kochende Kartoffeln (ca. 1 kg) · 1/2 Bund Rosmarin · 2 Salbeizweige

2 EL Olivenöl

12 Scheiben Frühstücksspeck, dünn geschnitten

500 g Magerquark · 1 Becher Rahmjoghurt (200 g) · 100 ml Milch · 1 Bund Radieschen · 1/2 Bund gemischte Kräuter · etwas Salz · etwas schwarzer Pfeffer aus der Mühle · etwas Zitronensaft

etwas schwarzer Pfeffer, grob gemahlen · einige Salbeiblättchen

Für 4 Personen
Zubereitungszeit: ca. 30 Min.
Backzeit: ca. 25 Min.
ca. 420 kcal je Portion

Kräuter-Speck-Kartoffeln mit Radieschenquark

- ⊕ raffiniert
- ⊖ vegetarisch
- ⊖ für Kids
- ⊖ low fat
- ⊖ Vitamin C
- ⊖ schnell
- ⊕ preiswert
- ⊖ für Gäste

1 Die Kartoffeln ungeschält in 20–25 Minuten knapp gar kochen. Inzwischen alle Kräuter waschen und trockentupfen. Den Rosmarin in 12 kleine Zweige teilen.

2 Die Kartoffeln kurz abkühlen lassen und pellen. Ein Backblech mit etwas Olivenöl einfetten. Den Backofen auf 200 °C (Umluft 170 °C; Gas Stufe 3) vorheizen.

3 Je eine Speckscheibe um eine Kartoffel wickeln, dazwischen einen Rosmarinzweig stecken. Die Kartoffeln auf das Blech geben und mit etwas Olivenöl bepinseln. Zwischen den Kartoffeln den Salbei verteilen. Die Kartoffeln in die Mitte des Ofens schieben und in etwa 25 Minuten goldgelb backen.

4 Inzwischen Quark, Joghurt und so viel Milch verrühren, dass die Masse cremig ist. Die Radieschen putzen und dann in dünne Stifte schneiden. Die Kräuter hacken und mit den Radieschen unter den Quark mischen. Mit Salz, Pfeffer und Zitronensaft abschmecken.

5 Die Kartoffeln aus dem Ofen nehmen, mit grob gemahlenem Pfeffer bestreuen und schließlich heiß mit dem Radieschenquark servieren. Eventuell mit einigen Salbeiblättchen garnieren.

Zutaten

12 gleich große, mehlig kochende Kartoffeln (ca. 1 kg)

Öl zum Bestreichen

1 unbehandelte Zitrone · 1/2 Bund Dill · 1 Frühlingszwiebel

2 Becher Schmand (400 g) · 150 g Nordsee-Krabbenfleisch · etwas Salz · etwas schwarzer Pfeffer aus der Mühle

Für 4 Personen
Zubereitungszeit: ca. 1 Std.
Backzeit: ca. 30-45 Min.
ca. 540 kcal je Portion

Ofenkartoffeln mit Krabbendip

1 Die Kartoffeln unter fließendem Wasser gründlich abbürsten. Dann in wenig Wasser zugedeckt etwa 10 Minuten vorkochen. Abgießen und abtropfen lassen.

2 Dann den Backofen auf 225 °C (Umluft 200 °C; Gas Stufe 4) vorheizen. Pro Kartoffel 2 ausreichend große Stücke Pergamentpapier zuschneiden. Je 2 Papierstücke aufeinander legen und das obere mit Öl einpinseln.

3 Die Kartoffeln in die Pergamentpapiere wickeln, auf einen Rost setzen und auf mittlerer Einschubhöhe je nach Größe der Kartoffeln 30–45 Minuten backen.

4 Inzwischen für den Krabbendip die Zitrone heiß abspülen, abtrocknen und die Schale sehr fein abreiben. Die Zitrone auspressen. Den Dill waschen, abtrocknen und, bis auf ein paar schöne Dillspitzen, fein schneiden. Die Frühlingszwiebel putzen, waschen und in feine Scheibchen schneiden.

5 Schmand, Zitronenschale und -saft, die vorbereiteten Zutaten sowie das Krabbenfleisch vermischen. Mit Salz und Pfeffer würzen und mit dem restlichen Dill garnieren.

6 Das Pergamentpapier öffnen, die fertigen Kartoffeln oben leicht einschneiden und auseinander drücken. Mit dem Dip servieren.

Variation

Für eine vegetarische Ofenkartoffel-Variante nehmen Sie statt des Schmands Sour Cream oder saure Sahne, fügen etwas Salz, Pfeffer und gehackte Kräuter nach Belieben hinzu und garnieren den Dip mit klein geschnittenen getrockneten Tomaten (s. auch Coverbild).

raffiniert +
vegetarisch −
für Kids −
low fat −
Vitamin C −
schnell −
preiswert −
für Gäste +

Gratinierte Spinatgnocchi

- raffiniert
- vegetarisch
- für Kids
- low fat
- Vitamin C
- schnell
- preiswert
- für Gäste

Zutaten

600 g mehlig kochende Kartoffeln
etwas Salz

300 g gehackter TK-Spinat (aufgetaut) · 2 frische Eigelbe · etwas frisch geriebene Muskatnuss · 50 g frisch geriebener Parmesan

200–250 g Weizenmehl

etwas Mehl zum Formen

etwas Fett für die Form · 150 g Fontina, ersatzweise Raclettekäse · etwas Pfeffer aus der Mühle · 1 EL Butter

Für 4 Personen
Zubereitungszeit: ca. 1 Std.
Backzeit: ca. 10 Min.
ca. 580 kcal je Portion

1 Die Kartoffeln ungeschält in wenig Salzwasser in 25–30 Minuten gar kochen, pellen und noch heiß durch die Kartoffelpresse in eine Schüssel drücken. Etwas abkühlen lassen.

2 Den Spinat unter die Kartoffeln mischen. Die Eigelbe mit 1 TL Salz und etwas Muskatnuss verquirlen und zur Kartoffel-Spinat-Mischung geben. Den Parmesan daruntermischen.

3 Nach und nach so viel Mehl unterkneten, dass ein glatter, homogener Teig entsteht, der nicht mehr an den Fingern klebt.

4 Aus dem Kartoffel-Spinat-Teig mit bemehlten Händen fingerdicke Rollen formen und in 2–3 cm lange Stücke schneiden. Jedes Stück mit der Rückseite einer Gabel leicht flach drücken, wodurch gleichzeitig ein Rillenmuster entsteht. Die Gnocchi auf einer leicht bemehlten Arbeitsfläche etwa 15 Minuten ruhen lassen.

5 Inzwischen in einem breiten Topf reichlich Salzwasser zum Kochen bringen. Die Gnocchi portionsweise ins Wasser geben und in 3–5 Minuten gar ziehen lassen. Sie sind fertig, wenn sie an der Oberfläche schwimmen. Die Spinatgnocchi mit einem Schaumlöffel herausheben und gut abtropfen lassen.

6 Den Backofen auf 200 °C (Umluft 170 °C; Gas Stufe 3) vorheizen. Eine flache feuerfeste Form einfetten. Den Fontina in kleine Würfel schneiden. Die Gnocchi mit dem Fontina vermischen, in die Form geben und mit Pfeffer bestreuen. Die Butter in Flöckchen darauf setzen.

7 Die Spinatgnocchi auf mittlerer Einschubhöhe im Backofen etwa 10 Minuten goldgelb gratinieren.

Tipps

Die Gnocchi sind auch ohne den Spinat lecker. Dann serviert man sie entweder mit heißer Salbeibutter oder mit geschmorten Tomaten und Parmesan oder auch als Beilage zu Ragout.

Wie viel Mehl man tatsächlich braucht, hängt von der Kartoffelsorte ab. Genug Mehl hat der Teig, wenn er nicht mehr klebt, glatt und formbar ist.

Ein frischer fruchtiger Rotwein wie ein Barbera aus dem Piemont passt gut zu diesem Gericht.

Kartoffel-Schinken-Auflauf

- raffiniert
- vegetarisch
- **für Kids**
- low fat
- Vitamin C
- schnell
- **preiswert**
- für Gäste

Zutaten

2 Zucchini · 300 g Champignons · 600 g fest kochende Kartoffeln · 200 g gekochter Schinken

1 Zwiebel · 1 Bund Petersilie · 1 EL Butter · etwas Salz · etwas schwarzer Pfeffer aus der Mühle

250 ml Gemüsebrühe (Instant)

2 frische Eier · 200 g Crème fraîche · 1 EL Estragon-Senf · 150 g mittelalter Gouda

Für 4 Personen
Zubereitungszeit: ca. 30 Min.
Backzeit: ca. 50 Min.
ca. 570 kcal je Portion

1 Die Zucchini putzen und waschen. Die Pilze putzen und abreiben. Die Kartoffeln gründlich waschen und schälen. Diese Zutaten und den Schinken in 1 cm große Würfel schneiden.

2 Die Zwiebel schälen, fein hacken. Die Petersilie kalt abwaschen und trockentupfen. Die Blättchen abzupfen und mit dem Wiegemesser fein schneiden. Zwiebel und Petersilie in 1 EL Butter in einer Pfanne anschwitzen. Die Kartoffel-, die Zucchini- und die Pilzwürfel zugeben und 2–3 Minuten braten, dabei oft umrühren. Salzen und pfeffern.

3 Den Ofen auf 200 °C (Umluft 170 °C; Gas Stufe 3) vorheizen. Den Schinken unter die Gemüsemischung heben. Alles in eine gefettete Auflaufform geben und die Brühe zugießen.

4 Die Eier mit der Crème fraîche und dem Senf verquirlen, salzen und pfeffern. Den Käse fein reiben, die Hälfte davon unter die Eiercreme rühren. Diese auf dem Auflauf verteilen und restlichen Käse darauf streuen.

5 Den Auflauf im Ofen auf mittlerer Schiene etwa 50 Minuten backen, bis die Oberfläche goldbraun und knusprig ist.

Tipps

Servieren Sie zu diesem Auflauf als Beilage einen gemischten Blattsalat mit Radieschen in einem leichten Essig-Öl-Dressing mit Schnittlauch. Lassen Sie den Auflauf nach dem Backen etwa 5 Minuten ruhen, bevor Sie ihn anschneiden. Dann bleiben die Stücke in Form und fallen nicht auseinander.

Zutaten

750 g fest kochende Kartoffeln · 3 EL Öl
Fett für die Formen
300 g Blattspinat · etwas Salz
etwas weißer Pfeffer aus der Mühle · etwas gemahlener Muskat · 2 Knoblauchzehen ·
2 EL Zitronensaft · 200 g Sahne
200 g halbfester Ziegenfrischkäse
4 EL Walnussöl ·
2 EL gehackte Walnusskerne

Für 4 Personen
Zubereitungszeit: ca. 40 Min.
Backzeit: ca. 40 Min.
ca. 670 kcal je Portion

Kartoffelgratin mit Ziegenkäse

1 Die Kartoffeln waschen, schälen und in 1 mm dünne Scheiben schneiden. Die Scheiben in einer Pfanne in 2 Portionen in je 1 EL Öl 3 Minuten von jeder Seite anbraten.

2 Den Ofen auf 200 °C (Umluft 170 °C; Gas Stufe 3) vorheizen. 2 ovale feuerfeste Formen (etwa 26 cm x 15 cm) einfetten.

3 Den Spinat verlesen, putzen, waschen und in kochendem Salzwasser 1 Minute blanchieren. Dann den Spinat kalt abschrecken und gut abtropfen lassen.

4 Die Kartoffeln abwechselnd mit dem Spinat in die Formen schichten. Mit Salz, Pfeffer und Muskat würzen. Den Knoblauch schälen, durchpressen und mit dem restlichen Öl und dem Zitronensaft verrühren. Die Mischung je zur Hälfte über das Gemüse häufeln. Dann in jede Form 100 ml Sahne gießen und alles im Ofen auf mittlerer Schiene etwa 40 Minuten backen.

5 Den Ziegenkäse in kleine Würfel schneiden. Nach 20 Minuten den Käse auf den beiden Gratins verteilen. Je 2 EL Walnussöl darüber träufeln und je 1 EL Nüsse darüber streuen. Die Gratins im Ofen goldbraun fertig backen.

raffiniert ⊕
vegetarisch ⊖
für Kids ⊖
low fat ⊖
Vitamin C ⊕
schnell ⊖
preiswert ⊖
für Gäste ⊕

Tipp
Servieren Sie zu diesem Gratin einen trockenen Riesling, z. B. aus Rheinhessen.

Kartoffeltarte mit Shrimps

- raffiniert
- vegetarisch
- für Kids
- low fat
- Vitamin C
- schnell
- preiswert
- für Gäste

Zutaten

200 g Weizenmehl · etwas Salz · 75 g kalte Butter

600 g Pellkartoffeln (möglichst vom Vortag) · 2 Schalotten · 2 Knoblauchzehen · 1/2 Bund Petersilie

1 EL Butter

200 g Crème fraîche · 1/8 l Milch · 2 frische Eier · etwas weißer Pfeffer aus der Mühle · etwas frisch geriebene Muskatnuss

etwas Butter und Mehl für die Form · etwas Mehl zum Ausrollen

1 EL Butter · 400 g ausgelöste Shrimps

Für 12 Stücke
Zubereitungszeit: ca. 40 Min.
Ruhezeit: ca. 1 Std.
Backzeit: ca. 35 Min.
ca. 290 kcal je Stück

1 Für den Teig das Mehl in einer Schüssel mit 1/4 TL Salz vermischen. Die Butter in kleine Stücke schneiden, zufügen und mit den Fingerspitzen unter das Mehl arbeiten, sodass sich kleine Brösel bilden.

2 Dann 5–6 EL Wasser darüber träufeln und wieder mit den Fingerspitzen unterarbeiten. Alles rasch zu einem Teig zusammenfügen, aber nicht kneten. Den Teig in Folie wickeln und für etwa 1 Stunde kalt stellen.

3 Inzwischen die Kartoffeln pellen und auf einer Rohkostreibe fein reiben. Die Schalotten und die Knoblauchzehen schälen und fein hacken. Die Petersilie waschen, trockentupfen, die Blättchen von den Stängeln zupfen und ebenfalls fein hacken.

4 Die Butter in einer Pfanne zerlassen. Darin die Schalotten, den Knoblauch und die Petersilie unter Rühren weich dünsten. Etwas abkühlen lassen.

5 Die geriebenen Kartoffeln in einer Schüssel mit der Schalottenmischung, der Crème fraîche, der Milch und den Eiern gründlich vermischen. Mit Salz, Pfeffer und Muskatnuss kräftig abschmecken.

6 Anschließend den Backofen auf 225 °C (Umluft 200 °C; Gas Stufe 4) vorheizen. Die Backform einfetten und mit Mehl ausstäuben. Den Teig auf einer bemehlten Arbeitsfläche dünn ausrollen. Boden und Rand der Form mit dem Teig auskleiden. Die Kartoffelmasse darauf verteilen.

7 Die Backform auf die unterste Schiene des Ofens schieben und die Tarte zunächst 15 Minuten backen.

8 Inzwischen die Butter in der Pfanne aufschäumen lassen. Die Shrimps darin ganz kurz unter Rühren anbraten. Mit Salz und Pfeffer würzen.

9 Die Tarte aus dem Ofen nehmen, die Shrimps darauf verteilen, erneut in den Ofen schieben und die Tarte in etwa 20 Minuten fertig backen.

Tipp

Statt mit Shrimps können Sie die Tarte auch mit dünnen Scheiben von durchwachsenem Speck (etwa 125 g) belegen. Oder Sie mischen statt der Shrimps je 200 g fein gewürfelten gekochten Schinken und mittelalten Gouda unter die Kartoffelmasse. Die Milchmenge dann auf 1/4 l erhöhen.

Zutaten

400 g mehlig kochende Kartoffeln
20 g frische Hefe
225 g Mehl · 1/2 TL Salz · etwas frisch geriebene Muskatnuss
1 Stange Lauch (150 g) · 1 rote Paprikaschote · 2 rote Chilischoten
400 g gemischtes Hackfleisch · 1 EL Öl · 1 TL Paprikapulver
2 frische Eigelbe · 2 frische Eier · 250 g Sahne · Fett für die Form · etwas Mehl zum Ausrollen

Für 8 Stücke
Zubereitungszeit: ca. 1 Std.
Backzeit: ca. 30 Min.
ca. 390 kcal je Stück

Kartoffelwähe mit Chilihack

- raffiniert
- vegetarisch
- für Kids
- low fat
- Vitamin C
- schnell
- preiswert
- für Gäste

1 Die Kartoffeln waschen, in wenig Wasser zugedeckt in 25–30 Minuten gar kochen.

2 Die Hefe zerbröckeln, mit 100 ml lauwarmem Wasser verrühren und 10 Minuten an einem warmen Ort gehen lassen.

3 Kartoffeln abgießen, pellen und 150 g davon noch heiß durchpressen. Die Masse mit dem Vorteig, Mehl, Salz und Muskat zu einem glatten Teig verkneten. Zugedeckt an einem warmen Ort 20 Minuten gehen lassen. Den Ofen auf 200 °C (Umluft 170 °C; Gas Stufe 3) vorheizen.

4 Lauch putzen, waschen und in dünne Ringe schneiden. Die Paprikaschote putzen, waschen und klein würfeln. Die Chilischoten aufschlitzen, entkernen und in feine Streifen teilen. Die restlichen Kartoffeln klein würfeln.

5 Hackfleisch in einer Pfanne in heißem Öl unter Rühren krümelig braten. Mit Salz, Pfeffer und Paprikapulver würzen. Lauch, Paprika, Kartoffeln und Chilischoten unterheben.

6 Eigelbe, Ei und Sahne verquirlen, salzen und pfeffern. Eine Springform (etwa 26 cm Ø) einfetten. Den Teig auf bemehlter Fläche kreisförmig (etwa 30 cm Ø) ausrollen. In die Form geben, den Teig über den Rand hängen lassen.

7 Füllung und Eiermilch hineingeben. Überstehenden Teig nach innen rollen, andrücken. Auf mittlerer Schiene 30 Minuten backen.

Kartoffel-Thunfisch-Pizza

Zutaten

1 kg fest kochende Kartoffeln · 1 EL Öl · 200 ml Gemüsebrühe (Instant)

2 große Zwiebeln · 400 g Thunfisch aus der Dose (im eigenen Saft)

1/2 P. gestückelte Tomaten · etwas Salz · etwas schwarzer Pfeffer aus der Mühle · 1 EL gerebelter Oregano · 250 g Mozzarella · 2 EL eingelegte Kapern

raffiniert ⊖
vegetarisch ⊖
für Kids ⊕
low fat ⊖
Vitamin C ⊖
schnell ⊖
preiswert ⊕
für Gäste ⊖

Für 9 Stücke
Zubereitungszeit: ca. 25 Min.
Backzeit: ca. 45 Min.
ca. 260 kcal je Stück

1 Den Ofen auf 225 °C (Umluft 200 °C; Gas Stufe 4) vorheizen. Die Kartoffeln waschen, schälen und in 1 mm dicke Scheiben schneiden. Ein Backblech (ca. 30 cm x 40 cm) mit Öl bestreichen. Die Scheiben gleichmäßig darauf schichten. Brühe angießen und alles 25 Minuten im Ofen auf mittlerer Schiene vorgaren.

2 Die beiden Zwiebeln schälen und in dünne Ringe schneiden. Den Thunfisch gut abtropfen lassen und anschließend in kleine Stücke teilen.

3 Die Kartoffeln aus dem Ofen nehmen. Die Tomaten darauf verteilen, mit Salz, Pfeffer und Oregano kräftig würzen. Die Thunfischstücke mit den Zwiebelringen auf die Tomaten geben. Den Mozzarella in Scheiben schneiden, auf die Pizza legen, salzen und pfeffern. Die Kapern über den Käse streuen.

4 Die Pizza weitere 15–20 Minuten im Ofen auf mittlerer Schiene backen, bis der Käse zerlaufen ist und goldgelbe Stellen hat.

Tipp
Servieren Sie zur Kartoffelpizza einen trockenen italienischen Landwein oder ein helles Bier.

Kartoffel-Kraut-Strudel

- ⊕ raffiniert
- ⊖ vegetarisch
- ⊖ für Kids
- ⊖ low fat
- ⊖ Vitamin C
- ⊖ schnell
- ⊕ preiswert
- ⊕ für Gäste

Zutaten

200 g Mehl · 3 EL Öl · etwas Salz
1 Zwiebel · 100 g geräucherter, durchwachsener Speck · 350 g Weißkohl · 2 Möhren
1 EL Butterschmalz · 2 TL Kümmel
50 ml Gemüsebrühe (Instant) · etwas schwarzer Pfeffer aus der Mühle
500 g fest kochende Pellkartoffeln vom Vortag · 3 EL Crème fraîche · 2 EL gehackte Petersilie
etwas Mehl zum Ausrollen
2 EL flüssiges Butterschmalz zum Bestreichen

Für 10 Stücke
Zubereitungszeit: ca. 40 Min.
Backzeit: ca. 45 Min.
ca. 240 kcal je Stück

1 Aus dem Mehl, dem Öl, 1 Prise Salz und 1/8 l lauwarmem Wasser einen weichen und elastischen Strudelteig kneten. In einen großen Gefrierbeutel füllen, die Öffnung verschließen und den Beutel für etwa 30 Minuten bis zur Oberkante des Teiges in warmes Wasser stellen.

2 Inzwischen für die Füllung die Zwiebel schälen und fein würfeln, den Speck ohne Schwarte ebenfalls in kleine Würfel schneiden. Den Weißkohl putzen, waschen und in feine Streifen schneiden. Die Möhre putzen und würfeln.

3 In einem Topf das Butterschmalz erhitzen. Den Speck darin glasig werden lassen. Weißkohl, Möhre, Zwiebel und 1 TL Kümmel zum Speck geben, unter Rühren kurz andünsten und mit der Brühe ablöschen. Den Kohl zugedeckt in etwa 15 Minuten knackig garen. Alles salzen, pfeffern und etwas abkühlen lassen.

4 Die Kartoffeln pellen, in kleine Würfel schneiden und mit dem Kohl vermengen. Die Crème fraîche mit der Petersilie vermischen und mit Salz und Pfeffer würzen.

5 Anschließend den Backofen auf 200 °C (Umluft 170 °C; Gas Stufe 3) vorheizen. Den Teig auf einem bemehlten Tuch zu einem Rechteck ausrollen und über die Handrücken hauchdünn ausziehen. Die dicken Ränder abschneiden.

6 Die Kartoffel-Kraut-Mischung auf dem Teig verteilen. Die Crème fraîche gleichmäßig darüber löffeln. Den Teig an den Seiten über die Füllung schlagen, dann mit Hilfe des Tuches aufrollen.

7 Den Strudel mit der Nahtstelle nach unten auf ein mit Backpapier ausgelegtes Backblech legen. Mit dem restlichen flüssigen Schmalz bepinseln und mit dem übrigen Kümmel bestreuen. Den Strudel auf der mittleren Schiene des Ofens etwa 45 Minuten backen.

Tipps

Der Strudel kann mit einem gemischten Salat oder auf einer Tomatensauce serviert werden.
Als Beilage zum geschmorten Fleisch, z. B. Gulasch, reicht der Strudel für 6–8 Personen.
Dazu schmeckt ein feinherbes Pils besonders gut.

Alphabetisches Rezeptverzeichnis

Rezeptverzeichnis nach Kapiteln

Salate

Suppen & Eintöpfe

Aus der Pfanne

Aus dem Ofen

Umrechnungstabelle

1 l = 1000 ml
1 Tasse = 150 ml
1 Wasserglas = 200 ml
1 Esslöffel = 15 ml
1 Teelöffel = 5 ml

Abkürzungen

EL = Esslöffel (gestrichen)
TL = Teelöffel (gestrichen)
Msp. = Messerspitze
P. = Päckchen
TK-... = Tiefkühl-...
l = Liter
ml = Milliliter
cl = Zentiliter
kcal = Kilokalorien
ca. = circa
Min. = Minute(n)
Std. = Stunde(n)
Ø = Durchmesser
°C = Grad Celsius
cm = Zentimeter

Impressum

ISBN 978-3-8094-3330-9

Umschlaggestaltung: Atelier Versen, Bad Aibling
Layout: Johannes Steil, Wiesbaden
Redaktion: Dirk Katzschmann und Olaf Rappold (red.sign, Stuttgart)
Koordination und Schlussredaktion: Birgit Hinsch
Redaktion für diese Ausgabe: Birte Schrader
Rezeptfotos und weitere Fotos im Innenteil: Amos Schliack, Hamburg
Foodstyling: Petra Speckmann, Hamburg
Herstellung für diese Ausgabe: Reinhard Soll
Satz: red.sign, Stuttgart
Satz für diese Ausgabe: Lore Wildpanner
Reproduktion: Lithotronic, Frankfurt
Druck und Bindung: Neografia, Martin
Printed in Slovakia

FSC® www.fsc.org
MIX
Papier aus verantwortungsvollen Quellen
FSC® C020353

Verlagsgruppe Random House FSC® N001967
Das für dieses Buch verwendete FSC®-zertifizierte Papier *Profimatt* liefert Sappi, Ehingen.

63926160101

CHAPITRE 6

UN TERRAIN DE JEU MONDIAL

On n'a pas d'ami dans le cyberespace... ce qui ne signifie pas que l'on n'a pas d'allié.

GUILLAUME POUPARD,
directeur général de l'Agence nationale
de la sécurité des systèmes
d'information (ANSSI),
audition au Sénat le 1er février 2017

Les rivalités qui opposent la Russie, la Chine et les États-Unis ne représentent qu'une part de la guerre permanente engendrée par le numérique. Du fait du pouvoir égalisateur qu'il confère, le cyberespace devient aujourd'hui le terrain de confrontation entre acteurs étatiques et non-étatiques de toutes tailles, mus par l'intérêt politique, l'idéologie ou le profit. La frontière entre ces deux catégories d'acteurs est poreuse puisque les États ont recours, pour leurs opérations cyber, aux prestations contractuelles d'entreprises privées voire de groupes cybercriminels. Cette porosité est inévitable, car la nature même des technologies numériques fait qu'un monopole étatique sur les armements sophistiqués tel qu'il existe non seulement en droit, mais aussi dans les faits pour les armes conventionnelles est impossible pour les armes numériques, pour lesquelles les principaux investissements sont la matière grise des hackers et des équipements issus du commerce. Les grandes conférences de hackers telles que DefCon ou Black Hat symbolisent parfaitement la porosité entre acteurs gouvernementaux et entrepreneuriaux et hackers individuels qui ne sont pas les moins créatifs. Nous allons explorer cet univers foisonnant en mettant l'accent sur ses habitants les plus emblématiques.

Le deuxième cercle : postures défensives et priorité au renseignement

Autour des trois super cyber-puissances, les autres acteurs étatiques peuvent se distinguer en deux catégories : ceux pour qui les actions dans le cyberespace sont avant tout défensives et à des fins de renseignement et ceux pour qui elles représentent un instrument de puissance utilisé dans le contexte de confrontations avec des États rivaux.

La première catégorie d'acteurs, pour lesquels le renseignement et les enjeux défensifs priment, regroupe essentiellement les pays occidentaux et le Japon. Au sein de ce groupe, quatre pays font historiquement bande à part. La Grande-Bretagne, le Canada, l'Australie et la Nouvelle-Zélande, entretiennent, par leur appartenance au réseau *Five Eyes*, des relations particulièrement entre eux et avec les États-Unis. Ces pays ont signé un accord multilatéral permettant une coopération et un partage accru des activités, des fruits du renseignement technique et des interceptions de chaque pays. L'accord les engage à ne pas s'espionner mutuellement et implique une coopération privilégiée avec la NSA qui les aligne naturellement derrière la stratégie cyber américaine.

Le Royaume-Uni est naturellement le plus important partenaire des États-Unis dans cette alliance, avec un bras séculier très puissant : le Government Communications Headquarters (GCHQ). Cet organisme est l'héritier de la Government Communications and Cyber School (GC & CS) qui joua un rôle majeur pendant la Deuxième Guerre mondiale puisque ce sont ses ingénieurs et chercheurs comme Alan Turing, pionnier de l'informatique et père conceptuel de l'intelligence artificielle, qui cassèrent les codes allemands, donnant un avantage stratégique aux Alliés dans des moments clefs comme lors de la bataille d'Angleterre de 1940. Aujourd'hui, le GCHQ a la caractéristique d'être à la fois l'agence de renseignement cyber et électromagnétique britannique travaillant en étroite interaction avec les organismes de renseignement intérieur (MI5) et extérieur (MI6), et en même temps la maison mère du National Cyber Security Center (NCSC), l'agence en charge de l'ensemble de la cybersécurité britannique. Cette subordination à un service de renseignement chargé non seulement de protéger les systèmes gouvernementaux et les infrastructures critiques, mais d'être l'épicentre de la cybersécurité de l'ensemble des acteurs économiques, est une spécificité britannique. Elle est liée à une culture nationale valorisant le renseignement et aussi au pragmatisme insulaire qui, en l'espèce, a consisté à tenir compte du fait incontestable que le GCHQ est le principal foyer d'expertise cyber du pays. Son image est d'ailleurs sortie relativement indemne des révélations de Snowden sur la coopération étroite entre le GCHQ et la NSA dans le programme de surveillance de masse d'Internet mené par cette agence.

La stratégie nationale de cybersécurité approuvée en 2015 par le Cabinet britannique regroupe l'ensemble de la cybersécurité civile au sein du NCSC, et constitue une capacité structurée d'action cyberoffensive au sein du Ministère de la Défense. Il est cependant intéressant de noter que le document de janvier 2018 définissant la doctrine s'appliquant à ces activités[1] précise que celle-ci s'applique conjointement à l'État-Major et au GCHQ. En fait, tout indique que ce dernier organisme joue un rôle déterminant dans la conduite des actions cyberoffensives. Par ailleurs, même si la doctrine britannique donne les coups de chapeau qui conviennent à l'OTAN, cette doctrine est avant tout nationale. Conformément au pragmatisme britannique, aucune référence n'est faite à un cadre juridique contraignant pour le déclenchement d'actions cyberoffensives. Beaucoup d'indices laissent supposer que le GCHQ est tout à fait prêt à lancer de telles actions en réponse à des cyber-intrusions en dessous du seuil de la guerre ouverte et qu'il l'a peut-être déjà fait.

Les autres pays occidentaux ont réagi à cette existence d'un club privilégié dont ils sont exclus par leur volonté d'indépendance nationale. À cet égard les cas de la France et de l'Allemagne, les deux principaux pays occidentaux non-membres *Five Eyes*, sont significatifs.

La France a la particularité d'avoir mis en place probablement l'une des organisations les plus efficaces en termes

1. https://assets.publishing.service.gov.uk/government/uploads/system/uploads/attachment_data/file/682859/doctrine_uk_cyber_and_electromagnetic_activities_jdn_1_18.pdf

de cybersécurité défensive, avec des moyens d'interventions significatifs, pour la protection non seulement des administrations et des infrastructures publiques, mais aussi de l'ensemble des opérateurs d'importance vitale désignés comme tels par le Gouvernement et dont beaucoup sont privés. Le fer de lance de cette organisation est l'Agence Nationale de Sécurité des Systèmes d'Information (ANSSI), organisme civil faisant partie du Secrétariat Général de la Défense et de la Sécurité Nationale (SGDSN) rattaché au Premier ministre et travaillant en étroite liaison avec la Présidence de la République. Cette agence de très haut niveau technique est dotée d'une triple mission : superviser la sécurité numérique des services gouvernementaux et administratifs ainsi que des opérateurs d'importance vitale ; veiller à l'optimisation de la cybersécurité nationale en étant notamment l'autorité de certification des outils de sécurisation et de détection des cyber-attaques et le responsable d'un vaste programme de sensibilisation et formation ; enfin, gérer les partenariats et dialogues internationaux utiles à la cybersécurité nationale.

Dans l'exercice de sa mission l'ANSSI dispose de larges pouvoirs, notamment pour imposer les actions supplémentaires de cybersécurité qu'elle estime nécessaires aux Opérateurs d'Importance Vitale (OIV). Ces opérateurs sont à la fois les prestataires des grandes infrastructures d'énergie, de transport, de santé et de télécommunications, et les principales entreprises industrielles du pays. La Loi de Programmation Militaire votée au printemps 2018 a continué d'augmenter son efficience en donnant à l'ANSSI des moyens inédits de détection anticipée et donc de correction rapide des attaques informatiques. L'ANSSI peut alors communiquer aux opérateurs de communication électronique les « marqueurs » permettant de détecter les messages venant d'émetteurs identifiés comme des attaquants actifs ou contenant des liens vers des sites connus comme piégés. Elle peut également imposer la mise en place d'un dispositif de surveillance auprès de serveurs ou d'équipements menacés afin de recueillir les données nécessaires à la neutralisation des risques. Ces moyens, comme la position interministérielle de l'ANSSI, lui donnent une capacité d'action supérieure à celle de nombreuses des agences occidentales similaires.

L'ANSSI est le volet protection du dispositif français de cybersécurité et cyberdéfense dont les deux autres composantes sont la Direction Technique de la DGSE, chargée du renseignement cyber et d'interception, et le Commandement de cyberdéfense (COMCYBER) rattaché directement à l'État-Major des Armées. Ce commandement a deux missions principales. La première est la protection des réseaux informatiques des Armées qui se fait en étroite coopération avec l'ANSSI. La seconde est la lutte informatique offensive, soit en riposte à des attaques contre les infrastructures nationales militaires ou civiles, soit en appui des opérations militaires classiques dans un conflit déclaré. Ces capacités cyberoffensives du COMCYBER s'inscrivent dans le cadre d'une stratégie de réponse aux attaques informatiques significatives qui a été synthétisée dans le cadre d'une revue stratégique de cyberdéfense conduite à la demande du nouveau Premier ministre français et dont le rapport a été publié en février 2018.

Les points saillants de cette stratégie tels qu'exprimés par les responsables de sa mise en œuvre sont les suivants :

1. La volonté d'appliquer le droit international et d'utiliser tous les moyens diplomatiques pour réduire les risques de confrontation dans le cyberespace. Le premier de ces moyens diplomatiques est de développer un dialogue stratégique bilatéral avec chacun des principaux acteurs du cyberespace n'excluant aucun sujet y compris les actions agressives potentielles de certains d'entre eux. Le deuxième est la mise en place de canaux permettant de contrôler les risques d'escalade.
2. Le développement de coopérations européennes, mais en préservant totalement la souveraineté nationale en matière opérationnelle.
3. Une doctrine de réponse proportionnée aux attaques informatiques s'appuyant sur une échelle de gravité de ces attaques en fonction de leurs effets, le cinquième et plus haut niveau étant celui de l'agression armée au sens de l'article 51 de la Charte des Nations Unies. Une cyberattaque provoquant des pertes humaines ou des destructions de biens atteindrait certainement ce seuil. Des contre-mesures y compris par des actions cyberoffensives permettrait de répondre aux attaques en dessous de ce seuil.
4. La volonté d'établir un cadre normatif international de la cybersécurité s'appliquant non seulement aux états, mais aussi aux acteurs privés.

L'organisation et la vision stratégique française du cyber reflètent la tradition d'un état fort voulant maîtriser les attributs essentiels de la souveraineté et préserver l'indépendance nationale des ingérences externes. Les responsables français sont particulièrement sensibles à ce dernier impératif au vu des révélations d'Edward Snowden sur les opérations de cyberespionnage de la NSA et du GCHQ ayant visé la France. Ce passé pèse évidemment sur la coopération franco-britannique en matière de cybersécurité, pourtant la plus importante des coopérations bilatérales, mais pas sur celle avec l'Allemagne qui s'est trouvée ciblée comme la France par les agences de renseignement électronique de pays du groupe Five Eyes.

L'Allemagne a pour sa part répondu au défi cyber de façon paradoxale. En effet, elle crée dès 1991 l'une des agences nationales de cybersécurité (BSI) les plus anciennes et performantes. Mais ce n'est que récemment, postérieurement à ses alliés américains, britanniques et français, et dans un contexte de menace croissante, qu'elle constitue une entité militaire cyber dotée de moyens offensifs.

Le BSI, initiales allemandes d'Office Fédéral pour la Sécurité des Systèmes d'Information, a des missions quasi identiques à celles de l'ANSSI avec des effectifs comparables : protection des systèmes d'information des services officiels et des infrastructures critiques, certification des produits de chiffrement et de sécurité numériques, sensibilisation/formation de l'ensemble des acteurs à la cybersécurité, et enfin, supervision des interceptions légales, mission spécifiquement liée à son rattachement au Ministère de l'Intérieur. Il est intéressant de noter que l'ANSSI et le BSI ont développé une coopération significative qui s'est traduite en juillet 2018 par la publication d'un premier rapport annuel commun de situation.

En 2011 la multiplication des attaques informatiques visant des infrastructures gouvernementales conduit à la création d'une structure légère de coordination interministérielle, le Centre de Cyber Défense, fédérant les capacités du BSI, des services de renseignement et de police et du Ministère de la Défense. Mais la prise de conscience allemande d'une menace croissante pour la sécurité du pays n'intervient qu'à partir de 2016 au constat des cyber-attaques visant les infrastructures ukrainiennes mentionnées au chapitre 2, et après un nombre croissant de tentatives d'intrusion visant les infrastructures du pays notamment dans le domaine énergétique. En avril 2016, la ministre de la Défense annonce la création d'une branche militaire spécifique dédiée au cyber, baptisée *Cyber-und Informationsraum* (CIR). Elle est opérationnelle depuis le 1er avril 2017. Composée d'un effectif de 13 500 militaires, cette force regroupe les moyens cyber défensifs et offensifs, le renseignement géospatial ainsi que les unités de renseignement et de guerre électronique de la Bundeswehr.

En mai 2018 dans une interview à la radio berlinoise RBB[4], Hans-Georg Maassen, Président de l'Office Fédéral de Protection de la Constitution (BfV), plaide, dans un contexte de menace cyber croissante contre les infrastructures énergétiques, pour la définition d'un cadre légal aux ripostes cyber envisagées par les entités privées elles-mêmes victimes de cyberattaques (le « *hack back* »). Ces ripostes pourraient aller de la destruction immédiate des données volées en cas de cyberespionnage à la neutralisation du système informatique à l'origine de la cyber intrusion.

Le 13 juin 2018, le BSI révèle que les entreprises allemandes du secteur de l'énergie sont la cible d'une campagne de cyberattaques à grande échelle et que ces attaques ont été repoussées dans la plupart des cas. Des traces de préparatifs pour une attaque future ont également été décelées sans que des systèmes de contrôle n'aient été atteints. Si le communiqué du BSI, conformément à la politique de cet organisme, ne fournit aucune indication sur l'identité des attaquants, les cyber-attaques mentionnées contre le secteur énergétique correspondent exactement à celles attribuées à la Russie trois semaines plus tôt par le Directeur du BfV.

Les déclarations de Hans Georg Maassen sur le *hack back* et les révélations sur les cyberattaques visant le secteur énergétique accentuent le débat politique entre partisans des capacités cyberoffensives et ceux qui les considèrent comme déstabilisantes et contraires aux principes de la politique de paix du pays. Les ministres de l'Intérieur et de la Défense allemands qui estiment que les menaces cyber sont un danger majeur annoncent en août 2018 la création d'une agence dédiée à l'innovation dans la cyberdéfense, permettant d'assurer l'indépendance allemande et européenne dans ce domaine clef. Cette dernière mention signifie que le traumatisme des écoutes par la NSA des conversations de la Chancelière révélées par Snowden reste vif.

Ce panorama de la façon dont les trois principaux États européens réagissent aux menaces cyber est, au-delà des spécificités nationales, instructif par ses points communs :

- Une doctrine de cyberdéfense qui, au-delà des coups de chapeau aux solidarités atlantique et européenne, est purement nationale
- Une volonté de riposte, au minimum par des moyens cybers offensifs, à des cyberattaques causant des dommages significatifs aux infrastructures critiques du pays concerné, mais une incertitude sur le seuil de dommages subis déclenchant une telle riposte
- Une difficulté à traiter la question des manipulations étrangères des réseaux sociaux à des fins d'influence politique

Ce dernier point mérite une analyse plus spécifique pour chacun des pays.

En Grande-Bretagne, à la suite des révélations sur Cambridge Analytica, la Commission du numérique, des médias, de la culture et du sport de la Chambre des Communes s'est constituée en commission d'enquête sur la désinformation et la manipulation des réseaux sociaux. En Grande-Bretagne, à la suite des révélations sur Cambridge Analytica, la Commission du numérique, des médias, de la culture et du sport de la Chambre des Communes s'est constituée en commission d'enquête sur la désinformation et la manipulation des réseaux sociaux. Cette commission publie en juillet 2018 un pré-rapport[1]

1. UK Parliament, *Disinformation and « fake news » : intern report* [en ligne], 29 juillet 2018. Disponible sur https://publications.parliament.uk/pa/cm201719/cmselect/cmcumeds/363/36302.htm

très critique sur les actions et les responsabilités d'acteurs numériques comme Facebook et Cambridge Analytica, notamment dans le cadre de la campagne référendaire sur le Brexit de 2016. Le pré-rapport prône un contrôle très strict des réseaux sociaux et recommande la création pour ceux-ci d'un statut intermédiaire entre celui des médias et celui des hébergeurs de services Internet.

En Allemagne une loi a été votée en juin 2017 obligeant les réseaux sociaux qui diffusent des messages de haine (définis par une loi antérieure comme ciblant des individus en raison de leur origine ou de leur religion) à supprimer lesdits messages.

En France, deux projets de loi sont déposés au Parlement en juin 2018, visant à donner l'autorité à la justice d'ordonner la suppression de fausses informations diffusées sur les réseaux sociaux en période électorale. Ces projets contestés n'ont toujours pas été approuvés au moment de la rédaction de notre ouvrage. Néanmoins, en septembre 2018, le Centre d'Analyse, de Prévision et de Stratégie (CAPS) du Ministère des Affaires étrangères et l'Institut de Recherche Stratégique de l'École Militaire publient un rapport important sur les manipulations de l'information.[12]

1. *UK Parliament, « Disinformation and "fake news" : intern report »* [en ligne], 29 juillet 2018. Disponible sur https://publications.parliament.uk/pa/cm201719/cmselect/cmcumeds/363/36302.htm

2. JEANGENE VILMER, Jean-Baptiste, et al., Rapport conjoint CAPS/IRSEM – *Les manipulations de l'information : un défi pour nos démocraties* [en ligne], *France Diplomatie*, 4 septembre 2018. Disponible sur https://www.diplomatie.gouv.fr/fr/politique-etrangere-de-la-france/manipulations-de-l-information/article/rapport-conjoint-caps-irsem-les-manipulations-de-l-information-un-defi-pour-nos

Si le Royaume-Uni, la France et l'Allemagne apparaissent lucides quant aux risques de cyberingérence étrangère dans leurs processus politiques *via* les réseaux sociaux, leurs capacités de réaction restent séparées et souffrent donc d'une approche dispersée vis-à-vis des réseaux sociaux. En dépit du Brexit, il serait vraiment dans l'intérêt de ces trois pays de faire front commun dans leur interaction avec Facebook, Google et Twitter. Cette action concertée des trois grands États européens serait beaucoup plus efficace qu'une action de la Commission Européenne qui, n'ayant pas la compétence de réguler les réseaux sociaux, a une capacité limitée d'influencer ceux-ci. D'une façon générale, en matière de défense contre des actions étatiques de cyberingérence et d'implantation sur les infrastructures critiques, la compétence reste avant tout nationale, l'Union européenne et l'OTAN restant en la matière des structures de partage d'expertise et au mieux de coordination.

L'Europe dispose d'une agence de cybersécurité créée en 2004 : l'Agence Européenne pour la Sécurité des Réseaux et Systèmes d'Information (ENISA), centre d'expertise dépendant du Commissaire au Numérique basé à Héraklion en Grèce. Avec des moyens limités (85 agents) par rapport à ceux des trois grandes agences nationales (NCSC britannique, ANSSI française et BSI allemande) elle mène des actions incitatives et de conseil aux États membres et aux entreprises pour améliorer leur sécurité numérique – par exemple sur le Cloud et l'Internet des Objets – et est l'organe de soutien technique des Institutions Européennes pour la préparation et la mise en œuvre de la politique de cybersécurité de l'Union. Cette politique a connu une accélération avec une communication de la Commission Européenne en septembre 2017 et l'approbation des recommandations de la Commission par le Conseil Européen des 19 et 20 octobre. Les principales mesures de ces recommandations sont l'instauration d'une certification européenne de cybersécurité et un renforcement du rôle de l'ENISA, notamment en soutien de la politique de certification et dans l'analyse des menaces et des incidents, ces mesures visant à unifier le marché numérique sans mettre en cause le rôle des agences nationales de cybersécurité.

En ce qui concerne l'un de nos thèmes principaux qu'est la dissuasion de cyberattaques étatiques, la recommandation de la Commission est de « construire une cyberdissuasion fondée sur les capacités de défense des États Membres ». Cette recommandation serait un vœu pieux si elle n'incluait la mention que les États les plus avancés en matière de cyberdéfense puissent mettre en commun leurs capacités dans le cadre d'une Coopération Structurée Permanente de la Politique Commune de Sécurité et de Défense. Ce vœu pieux ne paraît pas, pour l'instant, avoir eu d'impact sur les pays évidemment concernés, – Royaume-Uni, France et Allemagne – qui continuent à mener des politiques purement nationales de cyberdéfense, ce qui n'exclut pas des échanges coopératifs bilatéraux ou multilatéraux dans le cadre de l'OTAN.

En définitive, l'Union européenne a un rôle très limité en matière de cyberdéfense et un rôle croissant, mais laissant la prééminence aux agences nationales, en matière de cybersécurité. Cependant dans le domaine plus large de l'économie numérique, l'Union européenne est devenue le 25 mai 2018, jour de l'entrée en vigueur du Règlement Général sur la Protection des Données (RGPD), une véritable superpuissance numérique (« digital superpower ») selon l'expression de l'expert américain Bruce Schneier. Cette disposition législative, votée par le Parlement Européen en avril 2016, oblige toute entreprise, (y compris non européenne) collectant des données personnelles, à obtenir le consentement explicite et informé des individus concernés pour cette collecte et pour tout transfert à un tiers des données ainsi recueillies. Les entreprises sont tenues de prendre les dispositions nécessaires à la sécurité des données personnelles qu'elles recueillent et de signaler dans les 72 heures à l'autorité nationale de contrôle (la CNIL en France) toute violation de données à caractère personnel. Lorsque la violation présente un risque élevé à une personne physique celle-ci doit en être avertie très rapidement soit par le détenteur de ces données soit par l'autorité de contrôle.

Les sanctions en cas de non-respect du RGPD sont lourdes, pouvant atteindre le maximum de 20 millions d'euros et de 4 % du chiffre d'affaires de l'entreprise défaillante. Les personnes ayant subi un préjudice matériel ou moral du fait de l'entreprise ayant collecté les données peuvent en demander réparation devant leurs juridictions nationales.

En définitive, la RGPD fait de l'Union européenne le contrepoids le plus important au monde, sur le plan de la régulation, à l'énorme pouvoir des géants d'Internet en particulier Google et Facebook.

Pour sa part, l'OTAN a surtout offert un forum d'anticipation et de réflexion stratégique sur les enjeux de cyberdéfense. Sous l'impulsion de son Commandement chargé de la transformation – dirigé depuis 2009 par un officier général français – trois centres d'excellence, forums d'analyse et recherche, de formations et d'échanges d'expérience couvrant tout ou partie du défi cyber tel que nous le définissons, ont été constitués :

- Un centre d'excellence, consacré à la cyberdéfense au sens strict et basé à Tallin, capitale de l'Estonie, premier état victime d'une cyberattaque en 2007. Il est à noter qu'en 2018, le Japon a rejoint ce centre d'excellence, pôle d'expertise très reconnu.
- Un centre d'excellence, basé à Riga, consacré à la communication stratégique c'est-à-dire à la guerre de l'information.
- Un centre d'excellence conjoint Union européenne OTAN, basé à Helsinki, consacré à la lutte contre les menaces hybrides définies comme l'ensemble des moyens non létaux d'influencer un état comprenant, outre le cyber tel que nous le définissons, les moyens de pression économique et l'ensemble des actions de propagande quelles que soient leurs vecteurs.

Enfin, au sommet de Bruxelles de juillet 2018, l'OTAN a annoncé la création d'un Centre d'Opérations Cyber au sein de son Quartier Général bruxellois, destiné principalement à intégrer les actions cyber dans l'ensemble des plans de l'organisation militaire. Cette décision devint concrètement opérationnelle avec l'annonce faite le 3 octobre 2018 par le Général Mattis en marge d'une réunion à huis clos des Ministres de la Défense de l'OTAN. Le Secrétaire à la Défense de l'administration Trump annonça que les États-Unis, le Royaume-Uni, le Danemark et l'Estonie allaient contribuer des capacités nationales cyber pour « aider l'OTAN à combattre des cyberattaques[1] ». Toutes ces initiatives sont certainement très positives pour l'Alliance, mais elles ne résolvent pour le moment pas le sujet majeur de la prévention et de la défense contre des cyberattaques intrusives, de sabotage ou d'ingérence, se situant en dessous du seuil de la guerre ouverte.

Ambitions régionales

Le pouvoir égalisateur du cyber a évidemment été rapidement perçu par un grand nombre d'états, non seulement comme un impératif de sécurité, mais aussi, en fonction de leurs priorités, comme un moyen économique de surveillance intérieure et/ou d'influence

1. Notons que la France et l'Allemagne ne participent pour le moment pas à cette ébauche de force cyber intégrée.

externe, et évidemment comme une priorité majeure de la sécurité nationale pour ceux d'entre eux engagés dans des confrontations en dessous, mais proches du seuil de la guerre ouverte avec certains de leurs voisins et des puissances protégeant ceux-ci. Les exemples sont multiples, mais notre objectif étant d'identifier et d'analyser des invariants stratégiques nous nous bornerons à trois pays engagés dans de telles confrontations où le numérique tient une place appréciable : Israël, l'Iran et la Corée du Nord.

Israël, en état de conflit permanent avec une part importante de ses voisins depuis sa fondation en 1948, a toujours cherché à avoir un clair avantage sur ceux-ci en termes de capacité militaire et de renseignement. Aussi, dès la montée en puissance d'Internet dans les années 1990, l'unité 8200, en charge du renseignement électromagnétique (interceptions et décodage) au sein du renseignement militaire israélien (Aman), s'est donné l'objectif prioritaire d'atteindre un niveau d'excellence dans le renseignement cyber constamment perfectionné. Cet objectif a été atteint par une approche tout à fait originale dans les entités similaires, au moins en occident. La grande majorité des membres de l'unité 8200 sont des conscrits sélectionnés pour leurs dons informatiques lors des tests précédant leur incorporation à 18 ans pour un service militaire de trois ans pour les hommes et de 22 mois pour les femmes. Pendant cette période, ils subissent, parallèlement à leurs obligations professionnelles tel un entraînement intensif qui leur permet d'atteindre un niveau de qualification que les entreprises israéliennes de cybersécurité se les disputent à la fin de leurs obligations militaires. Les cadres de l'unité 8200 sont évidemment des informaticiens hors-pair, pour certains d'entre eux d'anciens conscrits cooptés, qui quittent l'Armée au bout de 10 ou 20 ans pour rejoindre l'industrie numérique israélienne, souvent au sein de la floraison de startups résultant de l'écosystème constitué par la combinaison des départements universitaires spécialisés et de l'unité 8200. Cet écosystème a abouti à ce qu'Israël ait, à la fois, une entité de cyber-renseignement au premier rang technique mondial – de l'avis même de ses pairs américain et britannique – et la plus forte densité d'entreprises innovantes de cybersécurité, souvent nées en Israël puis se développant aux États-Unis telle que Checkpoint.

Bien entendu les capacités techniques de l'unité 8200 ont également permis le développement de virus cyber-offensifs dont une manifestation quasi publique a été Stuxnet, très probablement développé conjointement par cette entité et la NSA. Il ne fait guère de doute que l'unité 8200, avec son mode de recrutement très original et le rôle majeur de ses anciens membres dans l'innovation numérique, a simultanément donné à Israël une capacité de cyber-renseignement et de cyberdéfense de premier ordre et contribué à l'émergence d'un remarquable tissu entrepreneurial d'innovation numérique, lui-même facteur non seulement de développement économique, mais d'influence politique.

Si Israël a réussi, en quelques années au début de la décennie 2000, à se positionner de façon durable au premier rang technologique mondial du cyber, tant gouvernemental que commercial, l'Iran a réussi une performance également remarquable en se dotant, tout aussi rapidement, d'une capacité cyberoffensive se situant probablement autour du 5e rang mondial, après les États-Unis, la Russie, la Chine et Israël. Cette montée en puissance a bénéficié d'un enseignement scientifique de qualité et d'une ancienne tradition d'excellence en mathématiques. Si dès 2005 fut annoncée, sans aucune confirmation officielle, la création d'une armée cyber iranienne proclamant sa loyauté au Guide de la Révolution Ali Khamenei, le premier activisme cyber se manifesta en 2009 avec la création de groupes de cyber activistes au sein des Bassidjis, la milice populaire contrôlée par les Gardiens de la Révolution. Ces groupes furent chargés de neutraliser la propagande en ligne des libéraux pendant la campagne présidentielle de juin et les manifestations qui s'ensuivirent. Même s'il est très vraisemblable que, depuis le milieu des années 2000, un effort constant était mené pour développer des capacités de cyber-renseignement et d'actions cyberoffensives en s'appuyant sur une communauté florissante de jeunes hackers, le facteur déterminant de la montée en puissance accélérée de la cyberdéfense iranienne a été la découverte, au printemps 2010, de l'attaque Stuxnet ciblant l'usine d'enrichissement d'uranium de Natanz évoquée au chapitre précédent.

Si un Commandement de la Cyber Défense fut créé, en novembre 2010, au sein de la division défense civile de l'état-major iranien, ce commandement, comme son rattachement l'indique, n'a qu'une vocation défensive, les actions offensives étant confiées aux Gardiens de la Révolution. De telles actions démarrèrent très rapidement après le choc provoqué par Stuxnet en 2010 et rapidement suivi jusqu'en 2012 d'attaques (Duqu et Flame), probablement de même origine, visant les sites iraniens. En effet, dès 2011, 46 établissements financiers américains furent attaqués. Ces attaques se prolongèrent jusqu'en 2013 et donnèrent lieu, en mars 2016, à l'inculpation par la justice américaine, de quatre responsables de sociétés de cybersécurité de Téhéran travaillant pour les Gardiens de la Révolution. L'opération la plus spectaculaire, réalisée le 15 août 2012 contre la société pétrolière nationale saoudienne Saudi Aramco, fut annoncée par un message posté sur le Web par une organisation prétendument nommée l'« Épée Tranchante de la Justice » et annonçant, qu'en punition des crimes commis par la corrompue dynastie Al Saoud, un maliciel introduit dans le système informatique d'Aramco avait commencé la destruction de milliers d'ordinateurs sur son réseau. De fait, en quelques heures, 30 000 ordinateurs et 10 000 serveurs du système Aramco eurent leurs fichiers effacés et leur disque dur détruit.

Deux semaines après cette attaque contre Aramco, une attaque similaire avec les mêmes effets dévastateurs était lancée sur le producteur de gaz qatari RasGas. Le maliciel, nommé Shamoon, à l'origine de ces destructions, fut rapidement analysé par trois grandes firmes de cybersécurité. Il se révéla sophistiqué et s'inspirant de certaines caractéristiques des maliciels Stuxnet, Duqu et Flame dont l'Iran avait été victime : un effet boomerang en quelque sorte... En novembre 2016 une attaque utilisant une variante de Shamoon, évidemment surnommée Shamoon2, mis hors d'usage un millier d'ordinateurs de la Direction Générale de l'Aviation Civile saoudienne et d'autres administrations du royaume wahhabite. Une nouvelle attaque, en janvier 2017, aboutit à des effets similaires sur les systèmes informatiques d'une quinzaine d'entités administratives et industrielles dont des entreprises américaines et saoudiennes installées à Jubail, le principal site pétrochimique du royaume.

Ces cyberattaques impressionnantes, dont l'attribution à l'Iran, non seulement fait consensus internationalement, mais n'est pas vraiment démentie, reflète l'existence depuis le début de la décennie 2010 d'une puissante capacité cyberoffensive sous l'égide des Gardiens de la Révolution. Ce rattachement a été confirmé par l'annonce en octobre 2013, sur un site lié à cette organisation, du meurtre de Mojtaba Ahmadi, un commandant du Quartier Général de la Cyber-guerre[1].

Ce mode opératoire est identique à celui d'une série d'assassinats de scientifiques nucléaires iraniens à la même époque, communément attribuée au Mossad. Le rôle central des Gardiens de la Révolution dans le cyber avait d'ailleurs été implicitement proclamé en février 2013 par le Général Mohammad Hossein Sepehr, numéro deux des

1. https://www.telegraph.co.uk/news/worldnews/middleeast/iran/10350285/Iranian-cyber-warfare-commander-shot-dead-in-suspected-assassination.html

Gardiens de la Révolution où il est devenu commandant adjoint des Bassidjis[1].

Il est totalement logique que le Corps des Gardiens de la Révolution Islamique, de son nom complet, soit devenu le fer de lance cyber de la République Islamique. En effet, dès sa création qui a suivi de peu la révolution de 1979, le corps des Pasdarans (gardiens en persan) a joué un rôle clef dans la conduite des stratégies asymétriques menées par l'Iran. Son vecteur, hors des frontières iraniennes, fut la force Al-Quds (nom arabe de Jérusalem), unité de forces spéciales des Pasdarans opérant hors des frontières du pays. Sa première manifestation notable a été la création au Liban, sous sa tutelle, du Hezbollah, clandestinement fin 1982 sous la protection de 1 500 Pasdarans d'Al-Quds convoyés dans la vallée de la Bekaa par l'Armée syrienne, officiellement en 1985. Le Hezbollah, sous contrôle pasdaran, multiplia alors les attentats à Beyrouth, d'abord en 1983, qui conduisirent au départ des forces américaines du Liban puis à Paris en 1985-1986 sous la fausse signature d'un groupe libanais d'extrême gauche, les Forces Armées Révolutionnaires Libanaises. Ils poursuivirent leur action par des enlèvements d'Occidentaux à Beyrouth qui servirent de monnaie d'échange précieuse dans les négociations de l'Iran avec les États unis pour l'achat d'armes (Irangate) et avec la France pour le règlement du contentieux financier entre les deux pays. À partir de l'invasion américaine de l'Irak en 2003, Al-Quds joua un rôle clef en Irak dans la lutte armée de

1. The Gulf Military Balance CSIS, janvier 2014.

groupes chiites contre les forces américaines puis, après le départ de celles-ci et la prise de Mossoul par Daech, dans le soutien au gouvernement irakien contre Daech. Al-Quds est également, depuis 2012, très active en Syrie, en tutelle des forces du Hezbollah combattant les diverses rébellions sunnites et poursuit diverses actions clandestines contre les monarchies du Golfe ennemies de l'Iran.

En réalité, depuis la révolution de 1979, les dirigeants de la République Islamique se considèrent en conflit permanent – bien qu'en dessous du seuil de guerre ouverte – avec les États-Unis et les monarchies du Golfe, perçues à Téhéran comme n'ayant jamais accepté la légitimité du régime. Alors que jusqu'au début des années 2010, Al-Quds était le principal vecteur de la stratégie asymétrique de l'Iran dans ce conflit, depuis 2011 la capacité cyberoffensive des Pasdarans en est devenue une deuxième. Il est d'ailleurs intéressant de noter que, comme pour les attentats et enlèvements commis sous faux drapeau par le Hezbollah dans les années 1980, les cyber-attaques, très vraisemblablement iraniennes, des années 2010 sont revendiquées par des groupes se présentant comme arabes, aux noms évocateurs d'Izz-ad Din al-Qassam (héros du nationalisme palestinien dans les années 1930) pour les attaques conduites contre des établissements financiers américains entre 2011 et 2013 et l'Épée Tranchante de la Justice pour la cyberattaque de 2012 contre Aramco.

Stimulé par l'attaque Stuxnet le cyber est donc arrivé à point pour offrir un nouveau vecteur performant à une stratégie asymétrique de la République Islamique d'Iran qui lui est inhérente depuis sa création.

La Corée du Nord est un autre exemple emblématique d'une puissance moyenne qui, depuis la fin des années 2000, a fait du cyber une composante majeure d'une stratégie asymétrique visant à la fois à peser dans son rapport de force avec les États-Unis et la Corée du Sud, mais aussi, plus prosaïquement, à se procurer des ressources en devises bien nécessaires pour mitiger l'impact de son isolement économique. Alors que la communauté internationale se focalisait sur les programmes nucléaires et balistiques du régime de Pyongyang, une série de cyberattaques ayant la signature technique d'un groupe de hackers surnommé Lazarus, mais perçu, avec consensus, comme une entité du Bureau de Reconnaissance Générale – le renseignement militaire nord-coréen. Quatre attaques ou séries d'attaques depuis 2014 résument bien la montée en puissance nord-coréenne :

- l'attaque majeure évoquée au chapitre 2 contre Sony Pictures en novembre 2014.
- un hack de la Banque Centrale du Bangladesh en février 2016 ou de fausses instructions de virement dérobèrent 81 millions de dollars à celle-ci.
- une série d'attaques en 2015-2016 du système international de paiement SWIFT qui coûta des millions de dollars (montant non publié) à des banques utilisatrices de ce système.
- l'attaque déjà évoquée WannaCry de mai 2017 utilisant un rançongiciel dérivé d'un outil *zero-day* dérobé à la NSA qui infecta environ 200 000 ordinateurs dans

le monde et paralysa temporairement le *National Health Service*, le service de santé britannique.

Le 6 septembre 2018, le Département de la Justice annonça l'inculpation d'un ingénieur nord-coréen, Jin Hyok Park, pour son rôle dans ces séries de cyberattaques ainsi que certains nombres d'autres au sein du groupe Lazarus présenté comme une émanation du renseignement militaire nord-coréen. Le gouvernement de Pyongyang protesta vigoureusement sur le moment sans impact sur le dialogue américano-nord-coréen qui au moment de notre rédaction se poursuit avec en perspective une nouvelle visite du Secrétaire d'État Pompeo en Corée du Nord et un nouveau sommet Trump Kim Jong-un.

L'agilité des acteurs non-étatiques

Il y a une grande variété d'acteurs non-étatiques du cyberespace qui, volontairement ou non, ont par leurs actions dans cet espace un impact sur les rapports de force internationaux, thème de cet ouvrage. Une façon simple de les classer est de distinguer entre ceux dont les actions cyber ne sont en aucune façon motivées par le profit et ceux qui ont partiellement ou exclusivement une motivation financière. Au sein de chacune de ces catégories, nous distinguerons les acteurs clandestins, discrets et affichés.

Ceux que l'on peut appeler les cyber acteurs non étatiques à but non lucratif peuvent être motivés par le plaisir ou l'idéologie. Au départ, la plupart des hackers ont commencé très jeunes, motivés par le double plaisir du défi technique et de la violation d'un interdit. Mais s'ils sont doués, tôt ou tard ils sortiront de leur bénévolat et donc de notre catégorie pour monnayer leurs talents dans des activités licites ou non, à moins qu'ils ne rejoignent des organisations qui agissent sur le cyberespace à des fins idéologiques. Restant fidèles au classement mentionné plus haut nous examinerons deux types d'organisations idéologiques, celles à idéologie libertarienne et celles à objectifs politiques.

L'organisation clandestine libertarienne la plus connue et influente sur le cyberespace est Anonymous. Cette organisation, répandue dans tous les pays où Internet n'est pas censuré par le pouvoir politique, vise à promouvoir, par des actions numériques allant jusqu'au hacking illicite, des valeurs de liberté et de progrès. Elle est décentralisée et protège rigoureusement l'anonymat de ses membres. Les actions sont décidées par des forums de discussion garantissant l'anonymat des participants (utilisation du routeur « anonymiseur » Tor et éventuellement d'applications de messageries pratiquant le chiffrement point à point). Parmi les actions passées, des attaques par déni de service en 2010 contre Mastercard, accusé d'avoir bloqué les cartes de crédit de Wikileaks pendant le printemps arabe, contre des sites gouvernementaux tunisiens et égyptiens, contre des sites djihadistes ou proches de ceux-ci après les attentats de Paris de janvier et novembre 2015. En définitive, la croissance de l'organisation semble s'être ralentie et elle souffre évidemment de la contrepartie de l'anonymat de ses membres et de sa décentralisation, la rendant vulnérable à l'infiltration aux fins de manipulation.

Nous avons eu l'occasion dans les chapitres 1 et 2 de mentionner deux organisations non clandestines, à finalité idéologique très actives sur le cyberespace : Wikileaks et l'ICIJ, le Consortium International de Journalistes d'Investigation. Ces deux acteurs sont emblématiques du cyberespace, car ce sont les organisations qui ont eu un impact politique important par la diffusion massive de documents confidentiels. La contrepartie de ces succès est, sans surprise, que l'une et l'autre de ces organisations soient attaquées par le camp politique ayant souffert de leurs révélations. Wikileaks est accusé, non seulement par le camp démocrate, mais aussi par la communauté américaine du renseignement, d'être devenu un auxiliaire des services russes. ICIJ a été accusé par la Russie d'être un instrument américain en raison de sa localisation à Washington et surtout de la révélation dans les Panama Papers d'un compte offshore attribué au violoncelliste Sergei Roldouguine, ami proche de Vladimir Poutine, dont le montant paraissait très supérieur aux économies que pouvait épargner un musicien, aussi talentueux soit-il. Les critiques de l'ICIJ ne se sont d'ailleurs pas privées de remarquer qu'aucune personnalité américaine n'apparaissait dans les révélations des Panama Papers en 2016, alors que le gratin du reste de la planète était équitablement servi. Omission en quelque sorte réparée un an plus tard par les Paradise Papers qui exposent les pratiques d'évasion fiscale offshore permettant aux grandes multinationales américaines d'échapper en grande partie à l'impôt. Quoi qu'il en soit, il est certain qu'à l'avenir Wikileaks et ICIJ apparaîtront comme les premiers acteurs de poids d'une pratique de guerre informationnelle vouée à un grand avenir et appelée doxing par les Anglo-saxons, c'est-à-dire la diffusion sur le cyberespace de documents authentiques gardés secrets, notamment parce qu'ils compromettent des individus ou des entités politiques ou économiques.

Daech est, sans aucun doute, l'organisation à finalité politique qui a eu le plus d'impact sur les rapports de force internationaux grâce à sa compréhension de l'extraordinaire démultiplication des actions informationnelles qu'apportaient les réseaux sociaux. Al-Qaeda, à son apogée dans la décennie 2000, utilisait Internet avant tout comme vecteur de répercussion par ses sites sympathisants, de son arme suprême de propagande de type audiovisuel traditionnel : les enregistrements audios ou vidéos d'allocutions d'Oussama ben Laden. Le Printemps Arabe de 2011 fut la révélation de la capacité de mobilisation de militants actifs, mus par une indignation partagée, qu'offraient les réseaux sociaux qui venaient de commencer leur essor mondial. Lorsque cet espoir de liberté en Syrie fut transformé en guerre civile impitoyable, les jeunes responsables des mouvements djihadistes sunnites, combattant le régime Assad, utilisèrent naturellement les réseaux sociaux pour dénoncer la violence de la répression gouvernementale. Les messages transmis eurent un fort impact sur les jeunes de l'ensemble des communautés musulmanes, provoquant à partir de 2012 un flux régulier de volontaires internationaux en partance pour la Syrie. Entre mars et juillet 2014, un des mouvements de Daech, présents à la fois en Irak et en Syrie, mena des offensives éclair lui permettant de s'emparer d'un vaste territoire à cheval entre les deux pays, dont l'aboutissement fut la prise de Mossoul et la proclamation à la Grande Mosquée du rétablissement du califat avec Baghdadi comme Calife. Daech put alors intégrer, sur les réseaux sociaux, aux messages d'indignation doloriste et d'appel à la vengeance, la vision triomphaliste d'un Califat, fidèle aux enseignements du Prophète et des quatre premiers Califes, établi sur une base territoriale importante et en expansion constante.

Rien ne réussissant mieux que le succès, le flux des jeunes volontaires rejoignant les fronts Syriens venant d'Europe, du Maghreb et du Caucase augmenta fortement avec désormais une préférence pour Daech, enluminé de ses triomphes territoriaux et de la proclamation du Califat. Un certain nombre de ces nouvelles recrues, internautes familiers avec toutes les possibilités éditoriales qu'offrent Facebook, Twitter et YouTube, se retrouvèrent rapidement aux commandes de l'appareil de propagande numérique de Daech. Celui-ci atteignit alors un niveau d'efficacité inégalé, combinant trois composantes audiovisuelles complémentaires : l'indignation et l'appel à la vengeance provoquées par les images des atrocités d'Assad, la satisfaction victorieuse de cette vengeance par des vidéos d'exécutions sanglantes de soldats d'Assad ou d'otages occidentaux, et enfin la vision d'un Califat triomphant conduisant vers un avenir radieux par des reportages sur de nouvelles conquêtes de Daech ou sur les réalisations du Califat dans les territoires sous son contrôle. Jusqu'en 2016, cette offensive de propagande se poursuivit sans réels obstacles. Les jeunes volontaires affluaient en Turquie et passaient la frontière turco-syrienne sans aucune difficulté.

Jusqu'aux attentats de Paris du 13 novembre 2015, les réseaux sociaux n'exercèrent qu'un contrôle très limité ou inexistant sur la propagande que Daech diffusait. À l'époque, on pouvait dire que l'image d'un sein nu postée sur Facebook était très rapidement effacée même s'il s'agissait d'une œuvre d'art telle « la Liberté conduisant le peuple » de Delacroix, alors qu'une vidéo d'exécutions par Daech pouvait survivre longtemps, voire indéfiniment. Les attentats du 13 novembre provoqueront une réaction des réseaux sociaux à la fois sincère et intéressée, car les jeunes « milléniaux » assassinés au Bataclan étaient tout autant des frères générationnels des dirigeants de Facebook et Twitter que l'un des cœurs de cible de leur business. Les attentats de masse de San Bernardino et Orlando, revendiqués par Daech et commis l'un et l'autre par des ressortissants américains « recrutés sur le web », provoquèrent une prise de conscience au Congrès et dans les médias, des ravages de la propagande sans entraves de l'État Islamique sur les réseaux sociaux. Très progressivement, après le 13 novembre 2015 et de plus en plus intensément à partir de 2016, Facebook et Twitter s'employèrent à supprimer les comptes clairement inféodés à Daech ou appelant à la violence terroriste. Parallèlement, sur le terrain, l'État Islamique reculait.

Alors que des actions purement cyber du commandement cyber américain, contre les réseaux numériques de Daech, eurent des résultats relativement limités, des opérations mixtes cyber et cinétiques, localisant le site de départ de la propagande numérique puis le neutralisant cinétiquement, furent assez efficaces. La chute de Mossoul puis de Raqqa à l'automne 2017 privèrent Daech de l'intégralité des villes qu'il contrôlait. Mais des noyaux se maintiennent dans le désert syro-irakien et un certain nombre de combattants ont rejoint d'autres théâtres (de guerre ?), notamment la Libye et l'Afghanistan où ils sont, pour le moins, encore actifs. Même si la perte de la plus grande partie des territoires contrôlés en Irak et en Syrie a entraîné mécaniquement une diminution du nombre des émissions à partir du Moyen-Orient, il ne faut pas négliger la persistance d'une activité en ligne importante.

De fait, les facteurs socio-économiques et politiques, qui dans un certain nombre de pays du Moyen-Orient, d'Afrique, d'Europe et d'Asie rendent attractifs le message djihadiste, n'ayant pas changé, la propagande de Daech et d'Al-Qaeda sur les réseaux sociaux et sur d'autres communautés, tels les groupes qui peuvent être très aisément formés sur des messageries pratiquant le chiffrement point à point comme WhatsApp et Télégramme, continuent d'avoir une audience significative. Dans ce contexte, on ne peut exclure la résurgence réelle du risque de *cyberterrorisme* qui, alors qu'il était craint dans la période ayant suivie le 11 septembre, est désormais rarement mentionné. Parallèlement à l'extension sectorielle et géographique constante de la numérisation, le nombre de hackers, à des fins lucratives et ludiques, ne cesse d'augmenter partout dans le monde. On ne peut donc exclure, soit que spontanément se constituent des groupes de hackers se réclamant de l'idéologie djihadiste, soit que des cellules d'Al-Qaeda ou de Daech décident de diversifier leur recrutement dans cette direction, soit même que l'une ou l'autre organisation essaie de sous-traiter des opérations de cybersabotage d'infrastructures à des groupes cybercriminels en ayant la capacité – capacité qui ne manque pas tellement la cybercriminalité s'est développée.

La cybercriminalité coûte à l'économie mondiale environ 600 milliards de dollars par an selon un rapport publié en février 2018 par le Center for Strategic and International Studies (CSIS) de Washington et la firme de cybersécurité Symantec. Depuis le développement d'Internet, des cybercriminels individuels ou en bande organisée se livrent sur la toile à des activités illicites rémunératrices telles que la fraude bancaire (utilisation de numéros volés de cartes de crédit, faux ordres de virement, hackings de comptes), le vol de propriété intellectuelle, l'extorsion par rançongiciel (en anglais ransomware, maliciel qui bloque le site ciblé qui ne redeviendra utilisable que contre paiement d'une rançon conséquente en bitcoin). Depuis quelques années, le crime par voie numérique se développe comme un service. Les cybercriminels vendent des prestations allant de la location de réseaux d'ordinateurs infectés (*botnets*) – pour effectuer des attaques par déni de services (recherchées par certaines entreprises pour gêner les campagnes commerciales de concurrents) – ou de la fourniture de maliciels de hacking standards ou développés spécifiquement pour une cible donnée, au « soutien client » à un hacking et même à la réalisation complète d'une « cyberattaque clefs en main ». Le client peut être un groupe criminel « classique » n'ayant pas l'expertise cyber, une entreprise peu scrupuleuse, ou ce qui nous intéresse le plus, un État.

Le développement de cette cybercriminalité prestataire de services est grandement favorisé par l'aisance et la sécurité avec laquelle il est possible pour un client potentiel de rendre visite sur le *Darkweb* à son fournisseur. Le *Darkweb* est l'ensemble des sites non référencés sur les moteurs de recherche tels que Google et qui font partie de réseaux leur assurant un accès anonymisé. Ces réseaux permettent d'atteindre les sites participants, par un circuit aléatoire, à travers une multiplicité de relais assurant la parfaite anonymisation des adresses de départ et d'arrivée. Parmi ces réseaux, le plus connu s'appelle Tor et il a une histoire étonnante. Il est né d'un projet de recherche financé à la fin des années 90 par la Marine américaine (*Office of Naval Research*) et l'agence d'innovation du Pentagone (*DARPA-Defense Advanced Research Projects Agency*) pour développer un réseau permettant d'assurer des télécommunications non traçables pour les militaires et agents de renseignements en mission. Après sa mise en service en 2002, ses utilisateurs gouvernementaux s'aperçurent que pour assurer une réelle discrétion il serait opportun de « noyer » les utilisateurs militaires et de renseignement au milieu d'une masse d'utilisateurs civils. C'est à cette fin qu'en 2004, le Pentagone transféra le contrôle de Tor à une fondation libertarienne qui défendait farouchement l'anonymat sur Internet, l'*Electronic Freedom Foundation*. Le résultat fut un afflux de tous ceux, cherchant à opérer en ligne avec le maximum de discrétion, des dissidents politiques dans les dictatures et régimes autoritaires et des lanceurs d'alerte à toutes sortes de tenanciers de commerces illicites ou criminels tels que la pédopornographie ou la drogue. Tout ce petit monde aboutit rapidement à plus de 2 millions de visiteurs par jour. Concernant les cybercriminels, ils sont plutôt bien à l'abri dans Tor, car, en dépit des efforts concertés des services spécialisés des polices nationales, d'Europol et d'Interpol, le monde Cybercriminel croit beaucoup plus quantitativement que les arrestations ne l'affaiblissent. Il se renforce aussi beaucoup qualitativement, grâce à la sophistication de ses nouvelles recrues dans des pays émergents. Le Darknet offrant, à des jeunes numériquement doués, des débouchés beaucoup plus rémunérateurs que des emplois licites avec des opportunités sans cesse augmentées par la numérisation croissante des économies. Sachant que des maliciels de plus en plus dangereux – comme ceux volés à la NSA par le groupe Shadow Brokers qui sont à l'origine des attaques WannaCry et NotPetya – sont en circulation, on ne peut que s'inquiéter de cette montée en puissance, sans trop d'entraves, de la cybercriminalité.

Dans la gradation vers l'économie licite, il existe une catégorie intermédiaire formée d'entreprises de cybersécurité dans certains pays émergents et de hackers découvreurs de vulnérabilités *zero-day* qui, tantôt ont des activités commerciales légitimes, tantôt flirtent avec le monde cybercriminel, tantôt effectuent des cyberattaques en sous-traitance d'un gouvernement.

Enfin il y a la vaste industrie numérique légitime avec de remarquables entreprises de cybersécurité dont les plus performantes sont naturellement proches de leurs gouvernements nationaux comme c'est le cas de Crowdstrike et de Symantec aux États-Unis et de Kaspersky en Russie. Au sein de cette industrie, les entreprises, filiales ou non de groupes occidentaux, israéliens ou russes, établies dans des pays émergents sont assez souvent recrutées pour des missions non seulement défensives, mais aussi offensives. C'est ainsi qu'en mai 2018 le site de l'agence de presse officielle qatarie Qatar News Agency fut victime d'une cyberattaque permettant aux hackers de diffuser pendant plusieurs heures le texte d'une fausse allocution de l'Émir du Qatar Tamim bin Hamad al-Thani. Ce texte apocryphe, qui exprimait une forte sympathie pour l'Iran, reconnaissait le Hamas comme représentant légitime du peuple palestinien et critiquait Donald Trump fut, malgré les démentis qataris, considéré comme authentique par l'Arabie Saoudite et les Émirats Arabes Unis (EAU), et servit de justificatif au blocus – qui perdure – du Qatar par ces deux pays. Un article du *Washington Post* publié le 16 juillet 2017 rapporta que la communauté américaine du renseignement avait conclu que ce piratage avait été mené par une entreprise non nommée de cybersécurité recrutée à cette fin par les EAU. Ceux-ci démentirent, mais le Gouvernement américain se refusa à tout commentaire sur l'article du *Washington Post*...

Il n'y a guère de doutes que la tentation du hack back se répandra dans le monde et que des entreprises mercenaires de cybersécurité locales seront recrutées à cette fin ou à celles d'opérations offensives comme celle ayant visé le Qatar.

Enfin et bien sûr, dans l'Olympe numérique trônent Google, Apple, Facebook, Amazon et Microsoft dont le poids, remarquait en septembre 2018, un ancien haut responsable du Pentagone, est désormais supérieur à celui de bien des puissances traditionnelles de la scène internationale. Un nouvel entrant, Palantir ex-start-up californienne ayant eu InQtel – le fonds d'investissement de la CIA – comme partenaire à ses débuts, est devenu le numéro un mondial des algorithmes d'analyse de données massive. Mais il n'est pas le seul à avoir un poids considérable dans la maîtrise de grands flux et stocks de données. C'est le cas aussi non seulement des GAFAM, mais aussi des grands groupes chinois de services, Baidu, Ali Baba, Tencent et d'équipements et terminaux Huawei et Xiaomi, tous ayant récemment affirmé leur loyauté à la ligne du Président Xi Jinping.

Il est troublant que dans ce cybermonde, marqué par une insécurité croissante, les États, comme nous allons le voir, brillent par leur incapacité à s'entendre pour établir un minimum de gouvernance mondiale.

CHAPITRE 7

COMMENT ÉVITER UN RETOUR À LA LOI DE LA JUNGLE ?

> Ce qui était sans doute illusoire ou trop idéaliste était de croire qu'un tel territoire [le cyberespace], offert à l'activité humaine, pourrait s'autoréguler, résister aux forces économiques et politiques l'accaparant, rester sans loi ni juge.
>
> *Revue stratégique de cyberdéfense*, Secrétariat Général de la Défense et Sécurité Nationale, 2018, p. 9.

Au stade atteint de notre analyse de l'impact stratégique du numérique, il convient d'envisager ce que l'avenir peut nous réserver. Les nouveaux développements technologiques, l'accumulation de facteurs de méfiance réciproque entre Russes, Américains et Européens, et la capacité croissante d'utilisation par des entités publiques ou privées des réseaux sociaux pour manipuler les processus démocratiques rendent possibles, voire probables, deux types de scénarios inquiétants. D'une part la guerre cyber permanente à laquelle se livrent les puissances rivales globales et régionales pourrait conduire à une escalade numérique causant des dommages significatifs aux infrastructures critiques de chaque pays. L'un d'entre eux pourrait même être tenté d'y répondre par une riposte militaire classique. D'autre part, les tensions communautaires et socio-culturelles traversées par la plupart des démocraties occidentales sont en proie d'être fortement accentuées par une utilisation habile des algorithmes et des réseaux sociaux permettant de discrètement enflammer les extrémismes de tous bords.

Le développement accéléré de l'Internet des Objets et l'aboutissement de deux grandes percées technologiques

– l'informatique quantique et l'apprentissage automatique (*machine learning*), domaine clef de l'intelligence artificielle – risquent de faire très prochainement évoluer le rapport de force entre cyber-attaquants et cyberdéfenseurs au détriment de ces derniers. Le nombre d'objets (véhicules et leurs sous-systèmes, équipements domestiques, urbains, industriels et d'infrastructure) connectés sur Internet devrait passer de 7,7 milliards en 2017 à 30 milliards vers 2020. Cette croissance augmentera considérablement les risques de cyberattaques notamment en multipliant le nombre de points d'entrée à sécuriser ainsi que le nombre de relais utilisables pour des attaques par déni de service.

Alors que jusqu'à présent, l'intelligence artificielle (IA) a principalement facilité l'attribution des cyberattaques en permettant de singulariser les agresseurs par l'analyse des multiples paramètres de leurs agressions[1], les progrès de l'IA vont désormais faciliter la définition de protocoles de piratage non seulement plus performants, mais également plus difficile à attribuer puisque permettant d'intégrer les techniques d'acteurs très différents et de retirer les traces « humaines » dans le code source. Cette évolution remet complètement en cause les progrès accomplis ces dernières années en matière d'attribution des cyberattaques. Parallèlement, les ordinateurs quantiques que la Chine, les États-Unis et la Russie cherchent frénétiquement à développer permettraient de casser la plupart des mots de passe et protocoles de

1. Voir chapitre 4.

chiffrage actuellement utilisés, à l'avantage, là aussi, des attaquants.

Par ailleurs, l'apprentissage approfondi (le *deep learning*, pointe de l'apprentissage automatique) donne aujourd'hui, au travers des vidéos *deep fake* déjà mentionnées au chapitre 4, les moyens de réaliser un nouveau type d'illusion vidéo pouvant constituer un redoutable et puissant instrument de désinformation. Demain, une large partie des opérations pourrait être automatisée grâce à des solutions d'intelligence artificielle conversationnelles. En mai 2018, les ingénieurs de Google ont démontré les progrès de leur moteur d'IA, capable de tenir un échange téléphonique de plusieurs minutes avec des êtres humains sans que ces derniers ne s'aperçoivent qu'ils conversent avec un robot[1]. Dans quelques années, l'on pourrait donc imaginer des actions de terrorisme psychologique *via* ce canal, mais surtout des campagnes de cyberingérence orchestrées par des appels aux électeurs potentiels, avec des messages entièrement personnalisés. Les études universitaires citées au chapitre 3 montraient d'ailleurs que les appels sont considérablement plus efficaces que les contacts par mail ou *via* les réseaux sociaux pour influer sur le comportement électoral d'un individu.

Les développements technologiques qui seront accessibles non seulement aux grandes puissances, mais aussi aux autres cyber acteurs étatiques et aux plus puissants groupes cybercriminels évoqués au chapitre précédent, rendent encore plus impérieux d'identifier les risques

1. https://www.youtube.com/watch?v=D5VN56jQMWM

de montée des périls, aussi bien pour la stabilité géopolitique que pour l'intégrité des processus politiques des démocraties occidentales, et de proposer des actions pour parer à ces risques.

C'est pourquoi nous proposons dans ce chapitre des initiatives audacieuses mais nécessaires, sur un double plan géostratégique et règlementaire. Le premier plan est celui du rétablissement de la confiance entre nations dans le cyberespace et de l'organisation d'une gouvernance collective permettant d'assurer un minimum de sécurité globale. Le deuxième plan est celui de la lutte contre la cyberingérence et du renforcement de la résilience des démocraties au niveau national face aux menaces informationnelles.

Rétablir la confiance et le dialogue

Lorsque l'on analyse les risques géopolitiques résultant de confrontations dans le cyberespace, un fait majeur doit être pris en compte : alors qu'il s'agit d'un domaine de plus en plus important pour des champs critiques de l'activité mondiale, qu'ils soient économique, de communication, d'éducation, de culture et sciences, de sécurité et de défense, il n'existe aucune organisation internationale ayant vocation à en superviser la sécurité globale, et à faciliter par le dialogue, le règlement pacifique des litiges. Cela est d'autant plus frappant que deux secteurs majeurs à fondement technologique fortement vulnérables, tant à des risques d'accident qu'à des actions malveillantes, l'aviation civile et le nucléaire, sont depuis longtemps respectivement régulés par deux agences des Nations Unies : l'Organisation de l'Aviation Civile Internationale (OACI) et l'Agence Internationale de l'Énergie Atomique (AIEA).

Les raisons de cette stupéfiante lacune sont à la fois historiques, politiques et culturelles. Né à la fin des années 1960 d'un projet de liaison informatique décentralisée entre le Pentagone et quelques grands centres de recherche américains essentiellement universitaires, Internet devint rapidement une coopérative technique entre universités et centres de recherches avec une culture libertaire qui fut encore renforcée avec l'invention en 1989 du World Wide Web par Tim Berners-Lee alors chercheur au CERN. L'Internet put ensuite s'ouvrir pleinement avec la transformation en 1993 de l'Internet Engineering Task Force (chargée de la définition des standards techniques d'Internet) en ONG indépendante du gouvernement américain. Aujourd'hui l'Internet est géré techniquement par trois organisations principales fonctionnant sur un mode coopératif mondial : l'Internet Engineering Task Force (IETF) chargée des standards d'Internet, l'ICANN (initiales anglaises de société pour l'attribution des noms de domaine et des numéros sur Internet) chargée de l'attribution et de la gestion des noms de domaines et d'adresses mail, et le World Wide Web Consortium qui veille sur les standards du Web. En dépit de l'insécurité croissante sur les réseaux, dont elles assurent la veille technique, elles se sont toujours refusées à des mesures centralisées de lutte contre cette insécurité. De telles actions contrediraient la vision irénique commune à tous les pionniers d'Internet selon laquelle la diffusion mondiale, sans restriction aucune, est immensément positive tant pour le progrès des individus que pour celui des nations. Cet idéalisme des pères fondateurs d'Internet explique que l'exigence de sécurité n'ait jamais été une préoccupation intégrée dans le design technique du cyberespace, et contribue sans aucun doute à sa vulnérabilité systémique, vulnérabilité qui perdure car elle reste considérée comme un atout par le renseignement américain dont elle facilite les opérations.

Ce contexte, doublé de la méfiance portée par l'Occident vis-à-vis des objectifs russes et chinois de contrôle des contenus circulant sur le Web, explique la réticence des États-Unis aux actions menées par la Russie à partir de 1998 pour que les Nations Unies évaluent annuellement l'impact des technologies des télécommunications et de l'information sur la sécurité internationale. Il est clair que la Russie, alors *de facto* dirigée par le Premier ministre Primakov, dont la politique étrangère préfigura celle de Poutine, souhaitait utiliser les Nations Unies pour légitimer un contrôle national des informations convoyées par Internet.

Ceci se confirma lors de la première session en 2004 du Groupe d'Experts Gouvernementaux (GGE), groupe consultatif constitué des cinq membres permanents du Conseil de Sécurité et de dix pays cooptés pour analyser les questions soulevées par la Russie en 1998. Cette session se termina par un échec à la suite de l'opposition américaine à deux positions russes, soutenues par la Chine, proposant de limiter sévèrement l'utilisation des technologies d'information et de télécommunications à des fins militaires et de sécurité nationale et d'autoriser les États à contrôler si le contenu des informations numériques franchissant leurs frontières ne présentait pas de risques pour leur sécurité nationale. Clairement, la Russie et la Chine voulaient d'une part entraver politiquement l'exploitation stratégique par les États-Unis de leur supériorité numérique et, d'autre part, obtenir une légitimation internationale de la souveraineté numérique qu'ils avaient l'un et l'autre proclamée et qu'ils allaient mettre en œuvre de façon de plus en plus rigoureuse.

La deuxième session du GGE se déroula en 2009-2010 alors que la toute nouvelle Administration Obama tentait un rapprochement baptisé « *reset* » avec la Russie. De façon certainement non accidentelle, ce GGE aboutit à un consensus sur un certain nombre de principes généraux, quelques mesures de confiance et un lexique des termes utilisés. Selon des informations publiées à l'époque par le New York Times, la Russie aurait, en 2009, proposé sans succès aux États-Unis des mesures concrètes de limitation de leurs capacités cyber offensives, notamment en interdisant les implants.

Le troisième GGE qui se tint en 2012-2013 aboutit en juin 2013 à une déclaration consensuelle beaucoup plus dense dans laquelle les Occidentaux obtinrent la mention que le droit international, en particulier la charte des Nations Unies, s'applique à la cyber-sphère et pour le front russo-chinois, que la souveraineté et la juridiction d'un État s'appliquent à toutes les activités numériques sur son territoire. Parallèlement et quasi simultanément à cette déclaration, la Maison-Blanche et le Kremlin signaient l'accord mentionné à la fin du chapitre 5 visant à éviter toute escalade de cyber-intrusions réciproques par un dialogue permanent et par des mesures de confiance entre les deux pays.

Le quatrième GGE (2014-2015) aboutit à un accord confirmant et étendant celui de 2013 notamment sur les deux points suivants. D'une part, l'accord rappelle l'applicabilité aux technologies d'information et de communication du droit international, et notamment des principes de souveraineté des états et de non-intervention dans les affaires intérieures de chacun. D'autre part, l'accord souligne que les états ne doivent pas utiliser des prête-noms pour accomplir des actions cyber internationalement répréhensibles et ne doivent pas tolérer que leur territoire soit utilisé par des acteurs non-étatiques pour commettre de telles actions.

Le cinquième GGE (2016-2017) s'est en revanche soldé sur un échec par absence de consensus sur les conséquences concrètes du principe de l'applicabilité du droit international au cyberespace. La Russie et la Chine, s'exprimant publiquement par le truchement du négociateur cubain, rejetèrent complètement l'applicabilité du droit humanitaire international sous le prétexte que celui-ci, légitimant des concepts tels que celui de réponse proportionnée, légitimerait celui de la militarisation du cyberespace.

Cet échec du cinquième GGE en juin 2017 a une signification plus profonde que l'interruption d'un processus onusien d'élaboration de recommandations générales non contraignantes : il signifie que la Russie n'est pas prête à sacrifier son avantage et accepter un cessez-le-feu avec les États-Unis dans le cyberespace si cette trêve ne s'inscrit pas dans un accord plus large sur l'ensemble des fronts de harcèlement entre les deux pays. Pour reprendre les termes utilisés par le Général Guérassimov, la guerre cyber n'est, du point de vue russe, qu'une composante du « conflit non-linéaire[1] » les opposant à l'Amérique et à ses alliés européens, conflit jamais déclaré, mais pour Moscou initiée par les Américains, comme décrit dans notre premier chapitre.

Vladimir Poutine a démontré, à multiples reprises, qu'il souhaitait aboutir à un accord global avec les États-Unis, évidemment aux conditions les plus favorables possibles pour la Russie, pour réduire les différents foyers de tensions et rétablir un dialogue paritaire permanent entre les deux pays sur tous les sujets stratégiques clefs, dont le nucléaire et le cyber. En effet, lors de son interview avec la chaîne américaine NBC de février 2018, Poutine, après avoir rappelé comment l'Union soviétique et les États-Unis s'étaient mis d'accord sur un code de bonne conduite nucléaire pour éviter la destruction mutuelle, suggéra une approche russo-américaine analogue pour

1. Voir chapitre 5.

le cyber : « Aujourd'hui, mettons-nous d'accord sur la manière de se comporter dans le cyberespace, dont le rôle et la portée n'ont jamais été aussi importants. » Il n'y a guère de doutes que, durant le sommet d'Helsinki de juillet 2018, ce dialogue sur la cybersécurité a dû être mentionné comme un des thèmes à discuter lors de la prochaine rencontre devant se tenir à Washington début 2019. En attendant, et de façon très révélatrice, tout semble indiquer que les hackers russes ne freinent pas leurs opérations d'influence ni d'implantation sur les infrastructures critiques américaines – la dernière en date étant l'intrusion sur des centaines d'installations américaines de production ou de distribution d'électricité sans, à notre connaissance, y effectuer aucun sabotage.

Le choix des dirigeants russes de poursuivre de telles opérations, alors même que les cyber interférences russes sont au cœur du débat politique américain, amène à s'interroger sur leurs réelles motivations. Deux hypothèses non exclusives sont envisageables. Premièrement, en démontrant que Moscou a désormais la capacité de pouvoir sélectivement plonger dans le noir des zones de taille variable du territoire américain comme cela est arrivé en Ukraine[1], les responsables russes mettent en évidence l'avantage asymétrique dont ils disposent en raison de la grande vulnérabilité du système décentralisé et fragmenté de distribution de l'électricité aux États-Unis et du très probable grand différentiel de résistance psychologique, et donc politique,

1. BlackEnergy, le virus qui a permis le cybersabotage qui a plongé Kiev dans le noir pendant plusieurs heures en décembre 2015, est utilisé dans les attaques visant le système électrique américain.

des populations des deux pays à des coupures d'électricité. Dans l'optique russe, un tel message pourrait permettre de pousser l'Occident à rétablir le dialogue et à trouver un accord qui soit plus représentatif du rapport de force et ainsi des préoccupations de Moscou. Deuxièmement, ces actions suggèrent que, comme cela serait le cas pour l'espionnage, il est irréaliste de s'attendre à une diminution notable des actions de cyberinfluence en temps de paix comme en temps de guerre, d'où l'importance des mesures de résilience proposées dans la deuxième partie de ce chapitre.

Au-delà même de ces risques d'escalade russo-américaine provoqués par des incursions réciproques sur des sites sensibles nationaux, la prolongation d'une absence de vraies négociations entre Occidentaux et Russes sur les deux confrontations que sont, d'une part la crise ukrainienne et d'autre part la campagne de cyberinfluence russe aux États-Unis et en Europe occidentale avec les sanctions qu'elles ont provoquées, fait courir le risque d'incidents renouvelés en Ukraine ainsi que potentiellement entre la Russie et les pays baltes. De plus et c'est là un point important, la poursuite du confit non-linéaire entre la Russie et l'Occident sur ses multiples domaines, au premier chef celui du numérique, empêchera la nécessaire création d'un mécanisme international de maîtrise des risques majeurs du cyberespace résultant des évolutions technologiques mentionnées au début de ce chapitre. Or, bien malheureusement, les divisions politiques de plus en plus aiguës aux États-Unis, les tensions commerciales et diplomatiques euro-américaines ainsi que la focalisation des pays européens sur leurs problèmes internes, empêchent aujourd'hui toute initiative occidentale en ce sens.

Vladimir Poutine, de son côté, peut avoir intérêt à la prolongation de la situation actuelle qui lui a permis un gain politique considérable grâce à la persistance rhétorique de Donald Trump dans sa volonté de rapprochement russo-américain et à son scepticisme hostile envers l'enquête du Procureur Spécial Mueller sur l'ingérence russe en 2016. Il en résulte une montée constante, dans la base du parti républicain soutenant inconditionnellement Donald Trump, des opinions positives vis-à-vis du Président russe à un niveau qu'aucun dirigeant soviétique ou russe n'aurait pu imaginer, ce qui provoque un clivage de l'opinion sur un thème majeur de politique étrangère. Ce clivage est inédit depuis la période précédant Pearl Harbor[1]. Dans ce contexte, le Président russe peut estimer qu'une aggravation des tensions politiques créées aux États-Unis par la personnalité de Donald Trump et les polémiques sur l'ingérence russe sont toutes au bénéfice pour la Russie, qui a donc intérêt à poursuivre, au moins jusqu'à l'élection présidentielle américaine de novembre 2020, une double politique de messages positifs à l'attention de Donald Trump et de confrontation

1. Ainsi, un sondage Axios/SurveyMonkey conduit aux États-Unis le jour même et le lendemain du sommet Trump-Poutine à Helsinki, le 16 juillet 2018, révèle que 79 % des Républicains approuvent la façon dont Donald Trump a répondu lors de la conférence de presse finale, alors que 91 % des Démocrates et 62 % des Indépendants la désapprouvent.

concrète avec la puissance américaine, notamment dans le cyberespace. La révélation par Facebook, le 31 juillet 2018, de l'identification et de la fermeture de 32 comptes établis sous une fausse identité américaine par une entité non révélée, mais ayant beaucoup de ressemblances avec l'*Internet Research Agency* de Saint-Pétersbourg révèle une stratégie persistante de cyberingérence très compatible avec notre analyse.

Les risques d'escalade résultant de la concomitance d'une part des actions russes de cyberingérences ainsi que de reconnaissance à des fins de cybersabotage, et d'autre part de la mise en œuvre de la nouvelle stratégie américaine de « cyberdéfense de l'avant » rend très souhaitable une mobilisation pour arrêter cette montée des périls. Cette mobilisation doit adresser la réalité des rapports de force et traiter l'ensemble des fronts de confrontation perçus de part et d'autre.

L'idée centrale est de sortir du blocage suivant : la Russie ne cessera pas ses implantations sur les infrastructures critiques et ses actions de cyberingérence aux États-Unis et en Europe en l'absence d'un accord sur l'Ukraine accompagné d'une levée, même étagée, des sanctions. De même, le Congrès américain et les responsables politiques des États-Unis n'accepteront pas une levée des sanctions sans un règlement du conflit ukrainien et un accord précis de cyber modération signé et respecté par la Russie.

Il existe un format d'une légitimité incontestable, nommé P5 + 1, comprenant le groupe des cinq membres permanents du Conseil de Sécurité des Nations Unies complété de l'Allemagne.

Le Président de la République française serait idéalement placé pour initier une telle mobilisation, et en accord avec ses partenaires allemands et britanniques, organiser cette négociation. Celle-ci pourrait créer un nouveau forum permettant d'envisager une supervision de la sécurité internationale d'Internet. Cette supervision pourrait se développer à deux niveaux :

1. Une « commission cyber du Conseil de Sécurité des Nations Unies » qui deviendrait l'autorité normative et de résolution des litiges.
2. Une « Agence Internationale de la Cybersécurité (AIC) » qui veillerait notamment au respect des cyber mesures de confiance acceptées par les États et fournirait au Conseil de Sécurité, dont elle dépendrait, les informations permettent de faciliter un dialogue ouvert sur l'utilisation du cyberespace et des outils numériques. Une agence comme l'AK aurait pour mission d'encourager l'adoption de normes internationales de cybersécurité, et développera un haut niveau d'expertise à la disposition des États et des organisations internationales pour aider ceux-ci tant dans la lutte contre les cyberattaques que dans l'évaluation et la prévention des risques induits par les évolutions technologiques.

Cette institutionnalisation de la cybersécurité au niveau des Nations Unies est nécessaire, mais ne pourra se faire qu'après une détente effective entre les États-Unis et la Russie, comme cela a été le cas pour la création de l'AIEA, fruit de l'initiative Atomes pour la Paix lancée par le Président Eisenhower dans un contexte de « dégel » des relations américano-soviétiques ayant suivi la mort de Staline en 1953. En parallèle à cette détente bilatérale russo-américaine, des conversations devraient se dérouler au sein du format P5 + 1, sur la négociation d'un traité international de cybersécurité. Celui-ci déterminerait les missions de l'AIC et définirait quelques grands principes comme l'interdiction en temps de paix de toute cyber intrusion dans les infrastructures critiques civiles et la confirmation de la renonciation au cyberespionnage à des fins commerciales. L'AIC aurait à la fois un rôle proche de celui de l'AIEA pour le contrôle de l'application d'un « Traité International de Cyberespace » et de celui de l'OMS pour la prévention et l'éradication des épidémies. L'agence aurait ainsi un rôle clef dans l'identification des principales menaces virales, mais également dans la coordination de la lutte contre les cyber-attaques à impact mondial comme l'ont été WannaCry et NotPetya. Enfin, elle pourrait se doter d'un centre de prospective technologique pour évaluer les conséquences des innovations sur la cybersécurité, en particulier celles concernant l'Internet des objets, l'intelligence artificielle et l'informatique quantique.

Cette négociation au sein du P5 + 1 nécessiterait d'impliquer au maximum la Chine en s'appuyant sur l'engagement de Xi Jinping pour le multilatéralisme. Cette implication pourrait permettre d'enrayer l'éventuelle tentation chinoise de riposter par des moyens cyber à la guerre commerciale initiée par Donald Trump contre la Chine. L'AIC pourrait aussi contribuer à une prise en compte progressive des exigences de sécurité dans l'architecture d'Internet et à une plus grande priorité donnée par les trois cyber superpuissances à la défense par rapport aux capacités offensives, priorité qui devient majeure avec les risques nouveaux résultant de l'explosion de l'Internet des Objets.

MAÎTRISER LE BLANCHIMENT INFORMATIONNEL

Toutefois, même si cet effort venait à être couronné de succès avec la signature du Traité International de Cybersécurité et la création de l'AIC, tous les facteurs de tension dans le cyberespace n'auront pas disparu. En effet, il est fort improbable que Vladimir Poutine accepte un traité prohibant la cyberingérence. Dans l'interview précitée à Megyn Kelly, il assimile clairement l'IRA à la Fondation Soros et remarque suavement que celle-ci est indépendante du gouvernement américain… Le maximum que l'on puisse espérer obtenir de la Russie (et de la Chine) serait un engagement des gouvernements à renoncer à la cyberingérence explicitement étatique, comme ils ont renoncé au sein du G20 au cyberespionnage à des fins commerciales. Il apparaît donc nécessaire de se protéger directement contre la cyberingérence en agissant sur les réseaux sociaux.

En termes simples, la cyberingérence décrite au chapitre 3 se produit lorsqu'un état utilise les outils numériques, notamment les réseaux sociaux et autres forums, pour influencer la politique d'un autre pays de manière cachée. Il convient de noter qu'à côté de ces opérations de cyberingérence à drapeau dissimulé, il existe des vecteurs de cyberinfluence légitimes, car transparents. Ce sont tous les comptes ou pages sur les réseaux sociaux des médias russes (au premier chef RT et Sputnik) ou occidentaux (notamment Voice of America, BBC World News, France 24). Si un accord international pour enrayer les risques d'escalade des opérations de cyber-intrusion est à la fois souhaitable et atteignable, il serait irréaliste d'espérer arrêter, ou même simplement limiter, les opérations de « cyber-subversion » d'un État sur la population d'un état rival par un accord similaire. Au mieux, l'on pourrait entamer la négociation d'une déclaration analogue à celle adoptée par le G20 de novembre 2015 à Antalya où les 20 gouvernements signataires s'engageaient à prohiber toute opération de cyberespionnage par des entités dépendant d'eux, ce qui a évidemment laissé un libre champ à toute entité privée ou dont le lien gouvernemental est dissimulé. La transposition de l'accord d'Antalya à la cyberinfluence clandestine souffrirait de la même limitation et viderait un tel accord de tout sens puisqu'il est techniquement et économiquement beaucoup plus accessible à un acteur privé de monter des opérations de cyber influence que de cyber intrusion.

Pour ces raisons, la seule façon pour un État de se protéger d'une opération de cyberinfluence étrangère clandestine est de mettre fin à cette clandestinité, soit de façon préventive, en incitant les réseaux sociaux utilisés comme vecteurs de diffusion à modifier les règles d'ouverture de compte permettant cette clandestinité, soit de façon curative en incitant ces réseaux à identifier les utilisateurs ou administrateurs de pages, citoyens ou bots étrangers, se faisant faussement passer pour des ressortissants du pays ciblé afin au minimum d'exposer la réalité de ces comptes ou pages, et au maximum de les suspendre.

Les actions russes de cyberinfluence clandestine, pendant et depuis la campagne présidentielle américaine, sont un signal d'alarme sur les dangers pesant sur les démocraties résultant de la manipulation sous fausse identité des réseaux sociaux. Avant de proposer des moyens de parer ces dangers, il convient de synthétiser ceux-ci avec des exemples concrets.

Rappelons d'abord qu'en 2018, l'ouverture d'un compte sur des réseaux sociaux comme Facebook, Twitter, LinkedIn ou YouTube se fait sans obligation de fournir son identité ni son lieu de résidence, et encore moins d'apporter une preuve de la véracité de ses informations. Pour créer un groupe – c'est-à-dire une liste de diffusion ou une communauté d'utilisateurs selon les plateformes –, il suffit pour l'utilisateur de cliquer sur la commande correspondante sans fournir d'indication additionnelle concernant son identité et sa localisation. Pour ouvrir un compte Facebook ou Instagram, il suffit de fournir une adresse email ou un numéro de téléphone portable, puis de communiquer son nom sans obligation ni de fournir un justificatif d'identité, ni même, en pratique, que ce nom soit authentique[1]. Pour ouvrir un compte YouTube, il suffit de fournir une adresse email, son nom et sa date de naissance (sans aucune vérification de la réalité de cette identité ni de demande d'adresse), puis d'opérer un test destiné à éliminer les demandes effectuées par des robots, qui parfois nécessitent la communication d'un numéro de téléphone portable. Pour ouvrir un compte Twitter, il suffit de fournir une adresse email, son nom, puis un nom d'usage sur la plateforme ayant pour seules contraintes de ne pas dépasser 15 caractères et de ne pas être déjà utilisé par un autre internaute. La grande majorité des autres réseaux sociaux ont des critères d'ouverture de compte similaires à ceux des quatre réseaux cités ou même souvent plus laxistes, l'anonymat absolu des utilisateurs étant de rigueur chez certains d'entre eux tels 4chan ou 8chan.

Cette impossibilité de vérifier la provenance et l'authenticité des contenus et des utilisateurs inscrits sur un réseau social est le fondement de nombreuses escroqueries, mais surtout celui d'opérations clandestines de cyberinfluence politique qui sont notre sujet.

1. Facebook proclame que sa politique requiert l'utilisation de son « vrai nom » sur la plateforme et incite les utilisateurs à le faire « pour que vos amis vous retrouvent ». Mais en pratique, la plateforme agit rarement pour faire appliquer sa politique, et ce d'autant plus depuis que ses modérateurs ont été accusés d'insensibilité culturelle en sanctionnant à plusieurs reprises des utilisateurs non-occidentaux dont les noms étaient pourtant bien authentiques.

Il n'est plus nécessaire de rappeler la démonstration éclatante des techniques de cyberingérence fournie par les actions aux États-Unis de l'Internet Research Agency (IRA) de Saint-Pétersbourg à partir de 2015. Mais alors que certains minimisent l'impact réel de ces opérations informationnelles, et que d'autres doutent qu'une telle campagne puisse être reproduite maintenant que les pouvoirs publics et les plateformes numériques sont avertis, les indicateurs présents sont au rouge.

En particulier, deux épisodes révélés à l'été et l'automne 2018 démontrent à la fois la persistante vulnérabilité de Facebook en dépit de sa volonté d'y parer, et les remparts idéologiques limitant l'efficacité de cette parade.

Premier épisode : le 31 juillet 2018, Sheryl Sandberg, Directrice des opérations et puissante numéro 2 de Facebook, et ses responsables de la sécurité annoncent la fermeture par le réseau social de 8 pages et 17 comptes individuels Facebook et de 7 comptes Instagram, ouverts entre mars 2017 et juin 2018, identifiés dans les deux semaines précédentes comme inspirateurs et organisateurs, sous de fausses identités, d'événements destinés à augmenter les divisions politiques aux États-Unis. Il résulte des propos un peu sibyllins d'Alex Stamos – jusqu'à récemment en charge de la sécurité chez Facebook – que ces comptes ont été identifiés en raison notamment, d'une part, d'une connexion de l'un d'entre eux avec un compte Facebook de l'IRA de Saint-Pétersbourg fermé antérieurement et, pour les autres, de corrélations de dénominations et de contenus de messages avec des comptes Twitter faisant partie d'un millier de nouveaux faux comptes identifiés comme contrôlés par l'IRA puis fermés en mai 2018 par ce réseau social. Les commentaires d'Alex Stamos sont intéressants en ce qu'ils traduisent, face à l'amélioration continue des capacités de dissimulation qu'il perçoit, son pessimisme concernant la possibilité présente et future d'identifier même *a posteriori* la provenance et l'authenticité d'un compte ou contenu numérique, et ce en dépit de la mise en œuvre d'algorithmes visant à détecter les signaux faibles d'une telle manipulation. Comme l'indique Stamos, à l'avenir la clé sera tenue par celui qui tirera le meilleur profit de l'intelligence artificielle, soit pour dissimuler ses attaques, soit pour mieux identifier les agresseurs. Le 10 août 2018, Facebook annonce des mesures renforcées de contrôle pour les pages ayant une large audience américaine, afin d'éliminer celles pouvant être utilisés à des fins d'influence clandestine. Les administrateurs de ces pages devront sécuriser leurs comptes avec une authentification à deux facteurs et confirmer leur pays principal de résidence. Mais contrairement à ce qui est demandé aux responsables de publicités politiques, aucune pièce d'identité n'est réclamée.

Deuxième épisode : fin septembre 2018, Facebook annonce avoir découvert une succession de trois failles dans son code source ayant permis à des pirates d'obtenir quelques jours auparavant les clés d'accès à plus de 50 millions de comptes utilisateurs sur sa plateforme. À ce stade, le réseau social ignore si les hackeurs se sont servis de ces codes et si des données personnelles ont été subtilisées. Il oblige alors les 50 millions d'utilisateurs, ainsi que « par précaution » 40 millions d'autres comptes, à se ré-authentifier.

Deux semaines plus tard, le 12 octobre 2018, on apprend que les pirates auraient restreint leur attention sur 29 millions de comptes parmi les 50 millions auxquels ils avaient accès. Pour ces premiers, ils auraient téléchargé en priorité les coordonnées ainsi que les informations permettant d'établir un profil sociologique ou démographique des utilisateurs (pages suivies par les utilisateurs, emplois, niveaux de scolarité, goûts musicaux...). Ces données offrent une base idéale pour lancer une campagne massive d'hameçonnage ciblée (harponnage), comme décrites au chapitre 3. Facebook n'a pas révélé d'éléments permettant de préciser la motivation des hackeurs – visaient-ils une finalité criminelle ? politique ? – ni même de comprendre ce qui pouvait distinguer les 29 millions de comptes des autres. Les hackeurs se sont-ils concentrés sur les utilisateurs censés résider dans un pays particulier ? Dans tous les cas, la simple possibilité d'une telle attaque à un mois des élections législatives américaines de novembre 2018, deux ans après les évènements ayant marqué la campagne présidentielle du pays, est alarmante.

Trois remarques peuvent être faites à la lumière de ces deux épisodes. D'une part il apparaît que Facebook est très inquiet des risques de continuation des opérations de cyberingérence par des réseaux inauthentiques se dissimulant de mieux en mieux. En même temps, en dépit de ce danger croissant, Facebook n'accepte qu'avec réticence, et en en limitant leur portée géographique, de prendre les mesures évidentes de sécurité consistant à demander aux titulaires de réseau une pièce d'identité officielle et de donner la preuve de leur résidence. Enfin, l'attaque de septembre 2018 démontre la vulnérabilité des données même confidentielles détenues par Facebook. Contrairement à l'exfiltration de données opérée par la firme Cambridge Analytica, qui reflétait surtout la politique très clémente appliquée jusqu'en 2014 par Facebook en matière de partage des données avec les applications tierces, le géant de la Silicon Valley a cette fois-ci été victime sans s'en apercevoir (à temps) d'un piratage technique profond et de grande envergure.

Dans ce contexte, il est urgent et important pour les démocraties de se protéger contre la cyberingérence, que ce soit par la diffusion de contenus trompeurs sur Internet, ou par l'utilisation abusive de données collectées pour cibler et agir sur les citoyens en fonction de leur profil psychologique. Il apparaît également nécessaire de ne pas compter seulement sur l'autorégulation nécessaire de ne pas compter seulement sur l'autorégulation des réseaux et d'encadrer celle-ci dans une régulation gouvernementale. Cela est particulièrement vrai pour les démocraties autres que les États-Unis, tellement il apparaît que, sans mettre en cause la sincérité des dirigeants de Facebook et Twitter, le principal facteur qui a amené ces deux réseaux à agir fortement pour identifier et neutraliser les comptes non authentiques est bien la pression du Congrès et des médias américains. Toutes les mesures d'autorégulation prises par Facebook et Twitter ayant un impact actuel ou potentiel négatif manifeste sur leur cours de Bourse, il est peu probable que ces réseaux les étendent rapidement et spontanément à d'autres pays que les États-Unis. La façon désinvolte dont, selon son président M. Damian Collins, la Commission d'enquête de la Chambre des Communes sur la Désinformation et les Fake News, a été traitée par Facebook, en dépit de l'importance des questions soulevées par la Commission sur les relations entre Facebook et Cambridge Analytica, est évidemment un argument complémentaire justifiant la nécessaire mise en place d'une régulation externe.

Il est donc impératif pour la France et ses partenaires européens de prendre des mesures préventives rapides pour éviter une corruption du débat démocratique par des campagnes de propagande menées sous une fausse identité nationale par des puissances étrangères. C'est une priorité à court terme, car sans une telle action proactive, il est très probable que les élections européennes de 2019 fassent l'objet de mesures actives extra-européennes similaires à celles subies par les États-Unis pendant la campagne présidentielle de 2016 et ce dans un contexte politique très polarisé, rappelant celui existant outre-Atlantique.

Cette action doit être menée dans chacun des États européens, en essayant d'avoir en parallèle une concertation sur les grands enjeux. Toutefois, sur ce dossier, l'échelon national doit primer, pour des raisons d'efficacité et de substance. Efficacité, car au niveau national nous pourrons aller beaucoup plus vite qu'à Bruxelles. Substance, car un des principes fondamentaux de l'organisation proposée pour la France serait de créer une branche nationale pour chacun des réseaux sociaux dépassant un certain seuil d'activité sur le territoire, constituée au moins de l'ensemble des utilisateurs inscrits dans ce réseau qui se déclarent citoyens ou résidents français. Chaque branche française d'un réseau social aurait une équipe de gestion nommée par sa direction centrale chargée de veiller au respect de la réglementation s'appliquant au réseau dont les points clefs pourraient être les suivants :

- Premièrement, tout citoyen ou résident français ne pourrait disposer d'un compte permettant de dépasser un certain niveau d'activité s'il n'a pas transmis à la direction de la branche française du réseau une copie de pièce d'identité officielle (passeport, carte d'identité, carte de séjour) ainsi qu'un justificatif de son adresse en France. Les plateformes seraient alors dans l'obligation de suspendre tout utilisateur ayant communiqué une fausse identité à la direction de la branche française.
- Deuxièmement, l'utilisation d'un pseudonyme sur les réseaux serait autorisée à la seule condition que cet utilisateur ne se livre pas à une activité politique significative caractérisée par un seuil d'interactions portant cette particularité à partir de son compte ou d'une page dont il serait administrateur. La direction

du réseau le mettrait alors en demeure de remplacer son pseudonyme par son nom authentique faute de quoi son compte serait suspendu.

- Troisièmement, au vu de la nature spécifique des réseaux sociaux, une autorité de tutelle indépendante veillerait au respect, par les branches nationales des réseaux sociaux, des dispositions mentionnées précédemment et interagirait avec la direction de la branche française de chacun des réseaux pour prévenir toute utilisation à des fins de cyberingérence en période électorale. Cette autorité disposerait d'une équipe d'auditeurs et de moyens techniques financés, par exemple, par une taxe sur les recettes publicitaires françaises des réseaux sociaux.

La réforme proposée mettrait ainsi fin à l'anonymat sur les réseaux sociaux, non pas vis-à-vis des autorités et du public, mais vis-à-vis de la direction de la branche française de chaque réseau social en appliquant le principe de *Know Your Customer* (KYC), déjà mis en œuvre dans le monde entier par les institutions financières lors de l'ouverture de compte pour lutter contre le blanchiment d'argent. Elle n'empêche donc pas les lanceurs d'alerte de s'exprimer sous pseudonyme sur Internet, à charge ensuite à la presse écrite, audiovisuelle ou numérique de vérifier leurs allégations. Enfin, l'obligation de transparence sur son identité à partir d'une certaine intensité d'activité politique sur le réseau, affirmerait le fait qu'on ne fait pas de politique masquée en France.

Toute la subtilité de cette proposition, ambitieuse mais nécessaire, résidera bien évidemment dans la définition des seuils d'activité déterminant l'applicabilité du régime à un réseau social et à un compte, ainsi que de la définition de ce qui fait d'une plateforme numérique un réseau social. Son efficacité et son acceptabilité en dépendront tout autant, la proportionnalité étant essentielle pour conserver la créativité et l'agilité qu'offre le numérique.

En parallèle, la France et ses partenaires européens les plus proches doivent redoubler d'efforts pour bâtir et assurer leur autonomie stratégique face aux bouleversements engendrés par le numérique. Tout pays souhaitant conserver sa liberté d'action et maintenir une capacité absolue à défendre sa souveraineté dans un monde qui privilégie les actions offensives en dessous du seuil de guerre ouverte serait naïf de penser pouvoir se réfugier derrière la dissuasion nucléaire ou des moyens d'actions conventionnels. On le voit, déjà tant par les risques systémiques que créent la domination actuelle des États-Unis sur le marché des nouvelles technologies que dans la stratégie chinoise visant à devenir la « superpuissance cyber » dominante : la puissance économique dans le domaine numérique devient un facteur incontournable de souveraineté... et est en passe de devenir le facteur brut de puissance le plus déterminant.

Dans ces conditions, le développement d'une industrie numérique de pointe n'est plus seulement une question de croissance économique, c'est une priorité absolue de sécurité et de défense nationale. D'une part, cette industrie doit permettre de se doter des nouveaux facteurs de puissance que sont les technologies d'intelligence artificielle et d'analyses massive de données – et demain, les ordinateurs quantiques. D'autre part, de la même manière que l'autonomie stratégique dépendait jusqu'alors d'un accès sécurisé aux matières premières – au premier chef, le pétrole – les États doivent aujourd'hui intégrer une nouvelle ressource élémentaire dans leur équation : l'information, stockée sous forme de données. Il est désormais évident que sans sécurité et authenticité de l'information, les citoyens ne peuvent participer au processus démocratique de manière équitable et constructive, sapant la légitimité et la souveraineté des États. La prise de décision gouvernementale s'en retrouve paralysée.

Outre son importance vitale pour le dynamisme d'une industrie numérique innovante, la sécurité des données – c'est-à-dire la capacité à assurer la confidentialité, la disponibilité, mais aussi et surtout, l'intégrité des contenus numériques – est donc essentielle au bon fonctionnement d'une société, d'autant plus dans le cas d'une démocratie.

Sécuriser son accès aux données passe certes par des plans de réglementation ambitieux comme l'est la RGPD, mais elle nécessite aussi la capacité à réglementer ou à directement contrôler les objets physiques *via* lesquels circulent les données, c'est-à-dire les infrastructures et les équipements numériques – la *couche matérielle* du cyberespace pour revenir sur un terme déjà cité. Pour lutter contre les menaces cyber, la France et l'Europe doivent donc renforcer les standards appliqués aux constructeurs et équipementiers, quitte à rapatrier la production des équipements les plus critiques sur le plan intérieur, comme c'est déjà le cas pour les équipements militaires jugés stratégiques. Cette priorité aux développements et renforcements de l'économie numérique sous toutes ses formes – équipements, applications, et traitement des données – est une condition nécessaire, mais non suffisante de l'autonomie stratégique de la France et des pays européens pour les années et les siècles à venir. Étant donné que les modèles économiques du numérique se fondent dans des économies d'échelles monumentales, il est irréaliste d'espérer se doter d'une telle industrie sans un accès sécurisé à un large marché. L'Union européenne, et ses pays membres devront donc agir pour renforcer leur convergence et peser conjointement dans le cyberespace, tant d'un point de vue économique que politique et diplomatique.

Enfin, bien entendu, il est essentiel que les deux principales puissances de l'Union européenne post-Brexit se donnent ensemble les moyens d'assurer une cyberdéfense autonome pour l'Europe. À cet égard, il serait à la fois souhaitable d'un point de vue opérationnel et hautement symbolique que la France et l'Allemagne inscrivent dans un nouveau Traité de l'Élysée la cybersécurité et la cyberdéfense comme de nouvelles priorités de leur convergence. Cette inscription reflèterait l'évidence que toute cyberattaque significative frappant l'un des deux pays impacterait immédiatement l'autre. Elle donnerait aussi une nécessaire impulsion à l'indispensable intensification des liens entre les agences de sécurité de l'information et les commandements cyber respectifs de la France et de l'Allemagne.

CONCLUSION

QUATRE SCÉNARIOS POSSIBLES

Au terme de notre parcours, l'évaluation des stratégies des acteurs et la perception des évolutions technologiques telles qu'elles se présentent aujourd'hui permettent de discerner les déséquilibres futurs, de déceler les dangers de demain, et de dessiner les conflits potentiels.

Les quatre scénarios qui suivent sont indicatifs des figures que pourra revêtir la guerre permanente numérique.

Tout d'abord, l'escalade incontrôlée entre Moscou et Washington. À l'horizon de la décennie 2020, les incursions russes se poursuivent et s'amplifient au sein des infrastructures des industries américaines de l'énergie. La multiplication des implants et les sabotages potentiels qui en découlent offrent à la Russie une vaste palette offensive. En vertu de sa nouvelle doctrine de défense, l'US Cyber Command entend anticiper le risque et provoque un déni temporaire de service dans un centre logistique du GRU. Or, dans le même temps, un important producteur texan de pétrole de schiste, lassé d'être la victime de telles incursions, se découvre un adepte du *hack back*. En mesure de rétorsion, il finance et organise l'attaque d'un site de la compagnie pétrolière Rosneft, qu'opère pour son compte une équipe de hackeurs mercenaires basée à Dubaï. L'intervention cause cependant un accident qui se solde par de nombreux blessés. Pour le Kremlin, il ne peut s'agir que d'une opération du Cyber Command. La riposte s'impose. Une base aérienne dans le Colorado est neutralisée sans tarder. Devant le caractère inattendu et massif de l'agression, la Maison-Blanche se doit de répliquer. Le processus de surenchère est lancé. Sans que l'on sache jusqu'où il mènera et, surtout, ni qui, ni quoi pourrait l'arrêter.

Deuxième scénario : l'emprise grandissante du cyberterrorisme sur les démocraties. Au cours de la même décennie 2020, la Grande-Bretagne se révèle une cible de choix pour cette nouvelle forme de terrorisme. Brutalement, un matin, les ordinateurs du National Health Service cessent de fonctionner. Sur les écrans s'affiche la proclamation d'un groupe djihadiste : un puissant rançongiciel provenant d'un stock de maliciels dérobé au GCHQ verrouille le réseau, et son déblocage a pour prix la libération des auteurs des attentats de Londres et Manchester détenus en prison – ainsi que de cinquante de leurs comparses. Le chantage est rejeté par Downing Street et le processus de sauvegarde des données, instauré après l'attaque Wannacry en 2017, est activé. Le système de santé britannique s'en trouve paralysé pendant plusieurs jours et un vent de panique souffle sur l'entière société. L'opération n'a pas atteint son objectif, mais l'effet de terreur a joué à plein.

Enfin, la manipulation des élections, toujours au sein des démocraties, et sous toutes ses formes que ce soit le *deep fake* ou le micro-ciblage.

Lors de la campagne présidentielle de 2022 en France, alors que l'on se rapproche du premier tour, les quatre candidats principaux apparaissent au coude à coude dans les sondages. X.D., qui est en tête, se distingue par ses positions de très grande fermeté en politique étrangère, n'hésitant pas à dénoncer l'hostilité de telle ou autre grande puissance. Dans la journée du vendredi qui précède le scrutin, un compte Twitter, devenu notoire en raison des informations détonantes qu'il fournit sur les différents candidats, diffuse la vidéo d'un entretien en tête à tête qu'ont eu dans un grand hôtel parisien, quatre mois plus tôt, X.D. et le président d'un pays aux fortes ressources pétrolières. La conversation entre les deux hommes paraît anodine, si ce n'est qu'à son terme, ledit président, après avoir réitéré son ferme soutien au candidat, opère visiblement une substitution entre leurs attachés-cases. Le tweet, rediffusé massivement, provoque une onde de choc. Les médias, après vérification, confirment que la rencontre a bien eu lieu à la date et à l'endroit indiqués et qu'une photographie volée atteste que les deux hommes étaient ce jour-là vêtus tels qu'ils apparaissent dans la vidéo. Le candidat a beau dénoncer avec véhémence une intox recourant aux techniques *deep fake* que permet l'intelligence artificielle et demander en référé une injonction judiciaire afin que Twitter bloque la vidéo, le mal est fait. Le tribunal estime d'une part que le plaignant n'apporte pas la preuve que le document est un faux et, d'autre part, outre la difficulté d'atteindre Twitter qui a son siège aux États-Unis, que la diffusion virale du message sur l'ensemble des réseaux sociaux rendrait une telle interdiction inopérante. Au soir du premier tour, X.D., longtemps promis à dominer le débat, arrive dernier du peloton et est éliminé de la course à l'Élysée.

Derechef, en 2027, la menace cyber plane sur la désignation du président de la République française au suffrage universel. Depuis 2018, le paysage numérique européen s'est fortement sinisé. Non seulement Huawei s'est imposé comme le fournisseur dominant des infrastructures de télécommunications et Honor, Xiaomi, OnePoint, qui lui sont liés, contrôlent plus de 80 % du marché des smartphones, mais de plus Baidu, Tencent et Alibaba, élevés au rang d'acteurs mondialisés, concurrencent Google, Facebook et Amazon sur le vieux-continent et leur prennent des parts des marchés. Or, l'année précédente, en 2026, la Chine a proposé à chacun des pays de l'Union un traité bilatéral d'amitié et de coopération où, en échange d'un soutien aux nouvelles Routes de la Soie et d'une concertation sur la défense de la souveraineté numérique des États, Beijing s'engage à développer localement ses investissements technologiques ainsi que structurels et à les doter de prêts à long terme et faible taux d'intérêt. La Hongrie, la Pologne, la Grèce la Slovaquie et l'Italie ont déjà dit oui à cet accord que la France et l'Allemagne ont poliment décliné. Un seul des principaux candidats à l'Élysée retient et favorise la proposition chinoise dont il fait la clé de son plan réduction du chômage. À la traîne au début de la campagne, il surprend les instituts de sondage en arrivant en tête du premier tour. Un cadre de son équipe, entre-temps limogé, révèle alors à la presse qu'une société franco-chinoise de stratégie électorale numérique, héritière décuplée de Cambridge Analytica, joue un rôle essentiel dans cette ascension fulgurant en recourant aux outils de l'intelligence artificielle pour exploiter des données massives de source inconnue. La vague d'indignation qui secoue les opposants, les éditorialistes, les associations et leur dénonciation d'une cyberingérence étrangère dans le processus démocratique reste lettre morte. Le candidat pro-chinois remporte le deuxième tour tandis que le mystère qui entoure cette société, ses sources et ses actions, est appelé à demeurer irrésolu.

Ces quatre scénarios ne relèvent pas de la science-fiction. Le panorama qui a été dressé tout au long de ce livre souligne au contraire combien ils sont réels et, si ce n'est certains, plausibles. L'univers du cyber nous a fait plonger dans le nouveau monde de la guerre permanente, sous forme numérique. Comme lors de chaque grande redistribution géopolitique, ce n'est rien moins que notre indépendance qui est en jeu. La France a les moyens de relever et d'affronter ce défi planétaire qui menace la paix et la liberté. Sa parole et son action peuvent la placer en chef de file du sursaut de l'Europe. La seule question décisive est de savoir si nos gouvernants en ont la conscience et la volonté.

LEXIQUE

Ce lexique reprend les acronymes et expressions utilisés à plusieurs reprises dans l'ouvrage.

ANSSI : Agence Nationale de la Sécurité des Systèmes d'Informations, service chargé d'assister le Premier ministre français à coordonner la sécurité et défense cyber du pays.

APL : Armée populaire de libération, forces armées de la République populaire de Chine.

APT : Acronyme anglais pour *Advanced Persistent Threat*, Menace persistante avancée – pour définition, voir page 145.

APT 28 : voir *Fancy Bear*.

APT 29 : voir *Cozy Bear*.

Attaque par déni de service : cyberattaque visant à interrompre le fonctionnement et/ou l'accès à un service numérique (ex. : un site web) en inondant la cible de requêtes. Lorsque ces requêtes proviennent de plusieurs sources, on parle d'attaque par déni de service *distribuée* (l'acronyme anglais est DDoS).

BATX : Baidu, Alibaba, Tencent et Xiaomi, les rivaux chinois des GAFAM.

Bot : contraction de « robot ». Un *bot* désigne un logiciel ou une machine hébergeant ce logiciel pouvant exécuter des actions numériques (ex. : poster un message sur Twitter) de manière automatisée.

Botnet : réseau de *bots* pouvant automatiser l'exécution d'une action numérique de manière massive, permettant notamment d'effectuer des attaques par déni de service (DDoS).

CERT : acronyme anglais du centre gouvernemental de veille, d'alerte et de réponse aux attaques informatiques (Computer Emergency Response Team).

CIA : acronyme anglais de *Central Intelligence Agency*, Agence centrale de renseignement américain, principale agence de renseignement extérieur du pays.

Cinétique : dans le contexte de la défense et sécurité, ce terme est utilisé pour distinguer les moyens d'action dans le monde physique comme les armes à feu, les tanks, ou les missiles – dits « moyens cinétiques » – des moyens d'action dans l'espace numérique – dits « moyens cyber ».

COMCYBER : abréviation désignant le Commandement de Cyberdéfense de l'armée française.

Cozy Bear : groupe de hackeurs associé aux services de renseignement russes (le FSB). Voir description page 77.

CYBERCOM : abréviation désignant le Commandement Cyber de l'armée américaine (US Cyber Command).

Darkweb : les contenus partagés sur le *darknet*, qui est l'ensemble de réseaux non indexés par les moteurs de recherche et uniquement accessibles au travers d'outils spécifiques comme *Tor*. Grâce à son anonymat, le darknet et le plus souvent utilisé par les dissidents politiques et les cercles criminels.

Deep fake : mot-valise formé par la combinaison de l'anglais pour « apprentissage profond » et « trucage » et utilisé pour désigner des contenus numériques dont l'inauthenticité est difficile voire impossible à percevoir par un amateur. Aujourd'hui, les *deep fake* existent principalement sous forme de vidéos générées à l'aide d'un algorithme qui incruste le visage d'un individu à partir d'une simple collection de photos de ce dernier.

DNC : acronyme anglais du Comité national démocrate (*Democratic National Committee)* organisme de coordination du Parti démocrate américain au niveau national.

ENISA : acronyme anglais désignant l'Agence européenne chargée de la sécurité des réseaux et de l'information (*European Union Agency for Network and Information Security).*

Fake news : information délibérément fausse (de manière partielle ou totale) visant à influencer celui ou celle qui la reçoit.

Fancy Bear : groupe de hackeurs associé à la direction du renseignement militaire russe. Le groupe est aussi connu dans la presse sous le nom de *Sofacy, Pawn Storm*, son nom technique APT 28 (voir APT). Voir description page 80.

FBI : acronyme anglais du Bureau fédéral d'enquête (*Federal Bureau of Investigation*), principal service fédéral de police judiciaire et service de renseignement intérieur américain.

Five Eyes : désigne l'alliance des services de renseignements de l'Australie, du Canada, de la Nouvelle-Zélande, du Royaume-Uni et des États-Unis.

FSB : acronyme russe du Service fédéral de sécurité de la Fédération de Russie, principale agence de renseignement intérieur du pays, héritière du KGB.

FSS : Force de soutien stratégique, composante de l'armée chinoise chargée des missions défensives et offensives dans le domaine spatial, cyber, électronique et informationnel.

GAFAM : Google, Apple, Facebook, Amazon, Microsoft.

GCHQ : acronyme anglais désignant le service de renseignements techniques du gouvernement du Royaume-Uni (Government Communications Headquarters).

GGE : acronyme anglais de Groupe d'experts gouvernementaux, forum constitué sous l'égide des Nations Unies pour développer des normes de comportement responsable dans le cyberespace et discuter de l'applicabilité du droit international à ce dernier. Cinq groupes d'experts gouvernementaux ont été réunis entre 2004 et 2017.

GRU : acronyme russe de la Direction générale des renseignements de l'État-Major russe.

Hackback : Pratique qui consiste à contre-pirater la ou les sources d'une cyberattaque.

ICIJ : acronyme anglais de Consortium international des journalistes d'investigation (*International Consortium of Investigative Journalists*), organisme non-lucratif basé à Washington D.C. servant notamment à la coordination d'enquêtes journalistiques entre médias du monde entier. Les révélations des *Luxembourg Leaks*, des *Panama Papers* et des *Paradise Papers* ont toutes été coordonnées par les journaux membres de l'ICIJ.

Ingénierie sociale : technique visant à piéger un utilisateur pour pénétrer un système informatique, en exploitant ses faiblesses psychologiques ou sociales.

IRA : acronyme anglais de l'Internet Research Agency, entreprise russe basée à Saint-Pétersbourg et accusée par le Département de Justice américain de servir de façade pour mener des campagnes massives de désinformation sur les réseaux sociaux.

KGB : acronyme russe du Comité pour la sécurité de l'État, principal organe de renseignement intérieur et extérieur de l'URSS. Lorsque le KGB est dissous en 1991, la majorité de ses fonctions sont reprises par le FSB et le SVR.

MI5 : le service de renseignement responsable de la sécurité intérieure du Royaume-Uni (Military Intelligence, section 5), aussi connu sous la dénomination du Security Service.

MI6 : acronyme anglais de Military Intelligence Section 6, service de renseignement extérieur du Royaume-Uni, aussi connu sous la dénomination du Secret Intelligence Service (SIS).

NED : acronyme anglais de la Fondation nationale pour la démocratie *(National Endowment for Democracy)*, organisme à but non lucratif lié au Département d'État américain – voir description page 38.

NSA : acronyme anglais de l'Agence nationale pour la sécurité (*National Security Agency*), agence chargée du renseignement technique, de la cryptographie et de la sécurité des systèmes d'information de l'État américain.

Nudge : un ensemble de techniques pour inciter des gens à agir dans un certain sens particulier ou à changer leurs comportements sans contrainte ni instruction directe. Les techniques de nudge, dérivés de la psychologie comportementale, furent formellement conceptualisés par les neuro-économistes américains Cass Sunstein et Riachard Thaler.

OIV : Opérateur d'Importance Vitale, organismes publics ou privés qui pilotent des infrastructures jugées indispensables pour la survie de la nation (eau, électricité, santé, réseaux de télécommunications...)

RGPD : acronyme désignant le Règlement général sur la protection des données, un texte de l'Union européenne qui concerne la protection, la gouvernance, et le traitement des données personnelles.

SCADA : acronyme anglais de système de contrôle et d'acquisition de données (Supervisory Control and Data Acquisition). Ces systèmes, en abondance dans les complexes industriels et les infrastructures, permettent par exemple d'actionner des vannes, de contrôler une machine et détecter et d'afficher des conditions d'alarmes.

SGDSN : Secrétariat général de la Défense et de la Sécurité nationale, service chargé d'assister le chef du Gouvernement français dans ses missions relatives à la défense et sécurité nationale.

SQL : sigle anglais de langage de requête structurée (structured query language), le langage informatique le plus répandu pour gérer l'accès aux bases de données.

SVR : Acronyme russe du Service des renseignements extérieurs de la Russie, principale agence de renseignement extérieur du pays, proche du FSB.

Système : en informatique, ce terme désigne tout ensemble capable de traiter des données informatisées. En pratique, ordinateurs, smartphones, réseaux sont tous des systèmes, tout comme les logiciels qu'ils utilisent et les processus dictant leur emploi. Pris ensemble, ces éléments forment aussi un « système » (un système peut contenir plusieurs systèmes).

VPN : acronyme anglais de Réseau virtuel privé (*Virtual private network*). Les logiciels VPN permettent de partager des données en les isolant du réseau public (le plus souvent Internet) auquel les ordinateurs sont connectés, permettant notamment d'éviter les interceptions de données par des tiers.

Wikileaks : organisation non-gouvernementale fondée par Julian Assange et ayant pour mission de publier *via* Internet des informations sensibles, souvent confidentielles, sur les affaires sociales ou politiques à l'échelle globale. Ces informations proviennent généralement de sources souhaitant maintenir leur anonymat.

Zero-day : faille informatique n'ayant fait l'objet d'aucune publication ou n'ayant aucun correctif connu – voir page 109.

Table des matières

Composition et mise en pages
Nord Compo à Villeneuve-d'Ascq

Dépôt légal : novembre 2018

Imprimé en France par EPAC Technologies
N° d'impression : 4550414315719
Dépôt légal : novembre 2018